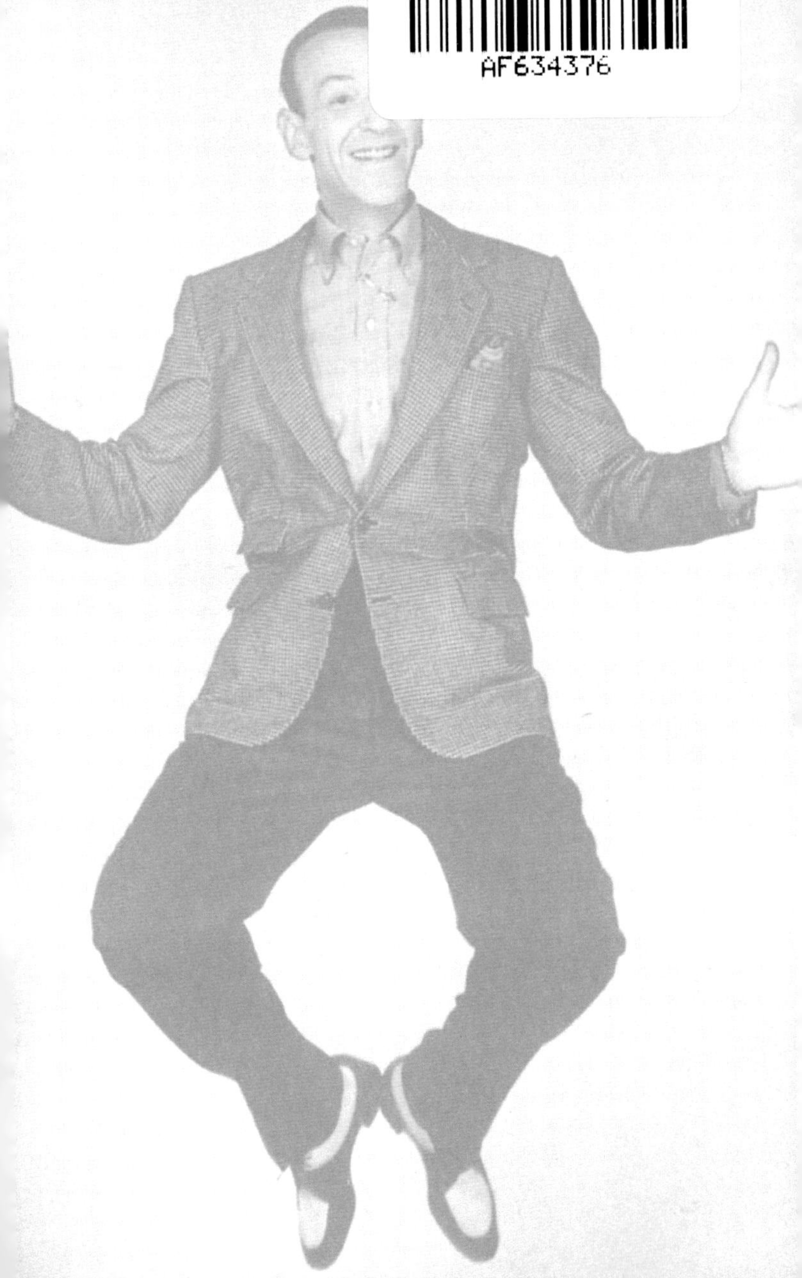

blue notes
79

»Ich wusste, dass sehr bald die ganze Welt verliebt in sie sein würde ...«, so William Wyler, Regisseur von *Roman Holiday* 1953 über Audrey Hepburn. Er sollte recht behalten. Bis heute ist der Zauber von Hollywoods größter Stilikone ungebrochen, als Heldin der Herzen ist sie längst in die Populärkultur eingegangen. Doch was macht den Mythos Audrey Hepburn im Kern eigentlich aus? Ist es ihre jugendliche Ausstrahlung, ihre eigenwillige Schönheit, ihr großes Herz oder ihre zeitlose Eleganz? Daniela Sannwald hat sich auf die Suche nach der Frau hinter dem »kleinen Schwarzen« begeben und dabei jede Menge Gründe gefunden, für Audrey Hepburn zu schwärmen. Und wer ihrem Charme bislang noch nicht gänzlich verfallen ist, der wird es spätestens nach der Lektüre dieses Buches sein ...

Daniela Sannwald ist promovierte Filmhistorikerin und als Publizistin und Ausstellungskuratorin tätig. Zahlreiche Veröffentlichungen mit den Schwerpunkten Schauspielerinnen, (Film-)Kultur und Mode. Seit 2004 freie Kuratorin für die *Deutsche Kinemathek – Museum für Film und Fernsehen*. Bei ebersbach & simon zuletzt erschienen: *Königinnen. Macht und Mythos* (mit Christina Tilmann).

Daniela Sannwald

Audrey Hepburn

Eine Hommage

ebersbach & simon

Für meinen Bruder Diethelm

Inhalt

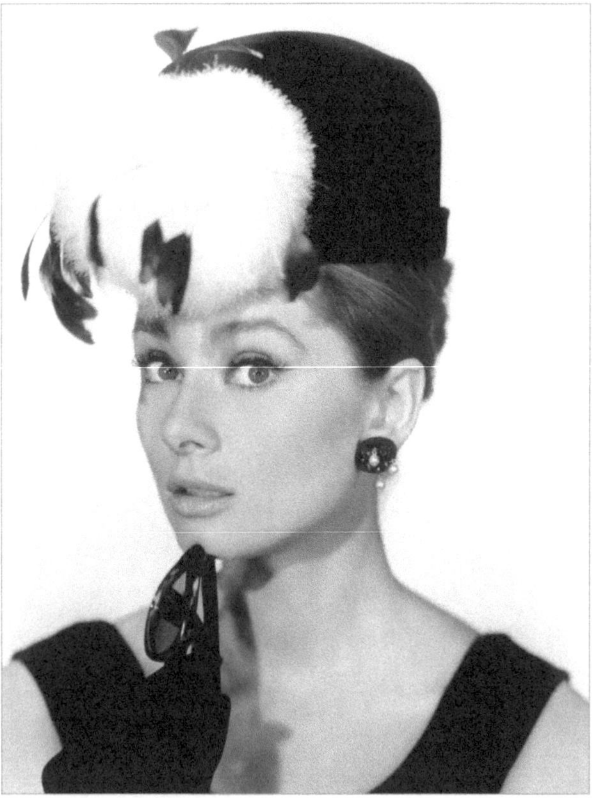

Heldin der Herzen – Audrey Hepburn 1961
in *Breakfast at Tiffany's*

Vorwort

Über Audrey Hepburn gibt es viel Literatur: Biografen haben vor und nach ihrem Tod über sie geschrieben, ihre Söhne Sean und Luca haben sich geäußert, sie taucht in Biografien von Schauspielern wie William Holden, Regisseuren wie Billy Wilder, Fotografen wie Cecil Beaton und dem Modeschöpfer Hubert de Givenchy auf. Fotografien von ihr füllen Bildbände jeden Formats; sowohl in ihren Filmkostümen wie in ihrer privaten Garderobe ist sie immer wieder abgelichtet worden. In den 1950er- und 1960er-Jahren veröffentlichte die amerikanische *Vogue* Modestrecken mit ihr, während heute Style Blogs Hepburn zum Vorbild erklären und Fotos veröffentlichen, auf denen junge Frauen ihren Stil imitieren.

Das Leben der am 4. Mai 1929 geborenen Audrey Hepburn, die am 20. Januar 1993 starb, ist fotografisch gut dokumentiert; und man hat über ihre Vorlieben und Abneigungen ebenso wie über ihre unglücklichen Lieben, ihren Hang zum Kettenrauchen, ihr Engagement für das Kinderhilfswerk UNICEF und ihren Spaß am Kochen geschrieben.

Wenn man »Audrey« in eine beliebige Internet-Suchmaschine eingibt, erscheint als erster Namensvorschlag Audrey Hepburn – noch vor der französischen Schauspielerin Audrey Tautou, die tatsächlich nach Hepburn benannt wurde. Und da es das Netz überhaupt erst seit den 1990er-Jahren gibt, spiegelt die Ergebnisliste eine große posthume Wirkung wider.

»Audrey verkörperte die Essenz der Jugend; und ich wusste, dass sehr bald die ganze Welt verliebt in sie sein würde – wie wir alle bei den Dreharbeiten.« So beschrieb der Regisseur William Wyler, der *Roman Holiday* mit Audrey Hepburn drehte, seinen Eindruck von der jungen Darstellerin; und er sollte Recht behalten. Aber ist es ausschließlich ihre Jugendlichkeit, die ihren Reiz ausmacht?

Oder ist es ihre natürliche, klassische Eleganz, die selbst Hubert de Givenchy, der einige der bestangezogenen Frauen der Welt einkleidete, zum Schwärmen brachte? »Audrey trug Kleider mit unglaublich viel Stil … ihre Silhouette und ihre Eleganz wurden immer berühmter, und sie verlieh mir einen Glanz, wie ich es mir nie zu träumen gewagt hätte.«

Geht es um ihre eigenwillige Schönheit? Der britische Fotograf Cecil Beaton sah sie so: »Audrey Hepburn hat enorme Reiheraugen und dunkle Augenbrauen … Ihre Gesichtszüge verraten eher Charakter als Niedlichkeit: Der Nasenrücken sieht fast zu schmal aus, um die Nase zu tragen, die in einer kugelförmigen Spitze endet. Die Nasenlöcher sind einem Entenschnabel überraschend ähnlich. Der Mund ist breit, und unter der Unterlippe befindet sich ein Grübchen, das zu tief für eine klassische Schönheit ist.«

Oder ist sie einfach ein moralisches Vorbild – mit ihrem Hang zu Freundlichkeit und Hilfsbereitschaft und ihrer ehrenamtlichen Arbeit – wie ihr Sohn Sean sie beschrieb: »Obwohl sie nie eine begeisterte Anhängerin einer Konfession war, behielt meine Mutter ihren Glauben bis ans Ende ihres Lebens: den Glauben an die Liebe, an die Wunder der Natur und an das Gute im Leben.«

Man sieht: Es gibt genug Gründe, für Audrey Hepburn zu schwärmen, immer wieder ihre schönsten Filme *Roman Holiday*, *Sabrina* oder *Breakfast at Tiffany's* anzusehen, in Bildbänden zu blättern oder im Internet Audrey-Modestrecken zu recherchieren. Und dieses Buch zu lesen, das keine klassische Biografie sein will, sondern bekannte Fakten neu einordnet, unvermutete Zusammenhänge herstellt und das Phänomen Audrey Hepburn in aktuelle Diskurse einordnet. Als Heldin der Herzen ist die Schauspielerin in die Populärkultur eingegangen, und es gibt niemandem, der ihr diesen Titel streitig machen würde.

Daniela Sannwald

Kindheit, Krieg und Hungerwinter

Audreys Vater Joseph Victor Anthony Ruston war Brite, ihre Mutter Ella Niederländerin, eine geborene Baroness van Heemstra aus altem Adel. Beide Eltern Audreys hatten schon Ehen hinter sich, Ella zudem zwei Söhne, als sie 1926 in Batavia, dem heutigen Jakarta, heirateten. Joseph Ruston war britischer Honorarkonsul in den Kolonien gewesen. Als er Ella van Heemstra traf, die ihrerseits als Tochter eines niederländischen Kolonialbeamten in Asien war, betrieb er einen Handelsposten.

Audrey wurde am 4. Mai 1929 in Ixelles in der Region Brüssel als Audrey Kathleen Ruston geboren. Mit sechs Wochen erkrankte sie an Keuchhusten, und da ihre Mutter Anhängerin der Christlichen Wissenschaft war, verbot es sich für sie, einen Arzt zu holen, stattdessen betete sie, wie es die Sektierer verlangen: »Gottes unendliche Güte, erfahren im Gebet, heilt«, heißt einer ihrer Glaubenssätze. Audreys Sohn Sean berichtet, wie seine Mutter die Geschichte ihrer Spontanheilung, die sie sich von Ella immer wieder erzählen ließ, beschrieb: Sie habe aufgehört zu atmen, sei langsam blau angelaufen, und Ella habe sie mit ein paar

Klapsen auf den Po »und einer Menge Glauben« wiederbelebt.

Joseph Ruston arbeitete zu der Zeit bei der Brüsseler Zweigstelle eines Londoner Finanzinstituts, hatte aber häufig in London zu tun, wodurch die Familie viel reiste; und Audrey wuchs mit Englisch und Niederländisch zweisprachig auf, lernte in Brüssel aber auch Französisch. Mitte der 1930er-Jahre verließ Joseph Ruston die Familie und zog nach London. Er führte später den Doppelnamen Hepburn-Ruston, der auch auf Audrey überging.

Ella van Heemstra blieb zunächst mit drei Kindern zurück, zog 1937 dann mit der ganzen Familie nach England. Audrey wuchs also abwechselnd in Belgien, England und schließlich den Niederlanden auf. Dorthin zog Ella, die 1938 geschieden worden war, weil sie glaubte, dass sie in den Niederlanden, die im Ersten Weltkrieg neutral gewesen waren, vor dem drohenden Krieg geschützt seien, nicht ahnend, dass die Nationalsozialisten auch dort bald einmarschieren würden. Nach den Aussagen sämtlicher Biografen waren Audreys Eltern Anhänger des Faschismus: So schreibt Donald Spoto, dass sie Mitgliederwerbung für die 1932 gegründete *British Union of Fashists* (BUF) betrieben, dass im April 1935 in deren Parteizeitung *Blackshirt* ein mit einem Foto von Ella illustrierter Propagandaartikel erschienen sei, und dass sich schließlich die Eheleute

Ruston und einige andere Anhänger der BUF Anfang Mai 1935 mit Hitler in München getroffen hätten. Ella van Heemstra setzte sich von 1937 an nicht mehr für die BUF ein und äußerte wohl auch irgendwann, dass sie ihr Engagement bedauerte. Als Erwachsene distanzierte sich Audrey ausdrücklich von ihrer Mutter: Den ihr zustehenden Adelstitel trug sie nicht; eine weitere Distanzierung von ihrem Vater war nicht nötig, dafür hatte der ja bereits gesorgt.

Das Schicksal, die Tochter eines desinteressierten, häufig abwesenden Vaters zu sein, teilte Hepburn übrigens mit erfolgreichen Kolleginnen wie etwa Marilyn Monroe, Elizabeth Taylor oder Romy Schneider, mit Jane Fonda, Jodie Foster und der von ihr bewunderten Cher. Natürlich wirkt sich so ein Verlust in der Kindheit auf die späteren Liebesbeziehungen und offenbar ja auch auf die berufliche Karriere aus. »Dass ihr Vater sie verlassen hatte«, schreibt Sean Hepburn Ferrer, »war eine Wunde, die nie ganz heilte. Sie glaubte nie wirklich an dauerhafte Liebe.«

Über Audreys Kindheit ist wenig bekannt. Da sie keine Autobiografie geschrieben hat, stützen sich alle Biografen auf Interviews, in denen sie gelegentlich von ihren Erinnerungen an den Krieg erzählte. Und auch ihr 1960 geborener Sohn Sean kann nur berichten, was er von ihr selbst gehört hat. Die Familienfotos, die er in dem

Erinnerungsbuch an seine Mutter veröffentlicht hat, zeigen Audrey als staksiges dünnes Mädchen, mal am Strand, mal bei einem Picknick, mal mit ihren Stiefbrüdern beim Verkleiden. Es gibt außerdem Buntstiftzeichnungen von ihr, die sie mit etwa zehn, elf Jahren produziert hat: So zeigt eines Illustrationen zu einem bekannten englischen Kinderreim, »Sing a Song of Sixpence«, wie sie selbst das Bild betitelte. Mehrere Schauplätze sind dargestellt. An einem Holztisch mit gedrechselten Beinen zählt ein König mit schütterem Bart in einem roten Wams sein Geld, während eine vollbusige Königin vor einem vielfach unterteilten Fenster etwas in sich hineinfuttert und mit dicken Backen kaut. Ein drittes Motiv ist eine Magd mit Häubchen, Zöpfen, schwarzem Mieder und weißer Schürze, die hinter einer Wäscheleine steht und sich die Nase hält. Über allen dreien schwebt eine grüne Schüssel mit einer schon angeschnittenen Pastete, aus der kleine Vögel herausschauen – im 16. Jahrhundert wurden für Festgelage lebende Vögel in Pasteten versteckt, die herausflogen, wenn man den Teigdeckel abnahm. Die vier Motive geben etwa die vier Strophen des Reims wieder; im Schlussvers pickt eine Amsel der Magd die Nase weg – wahrscheinlich aus Rache für die in die Pastete gefüllten Geschwister.

Ein anderes Bild zeigt ein Kasperle-Theater mit Kasperl und Hund, vor dem zwei Kinder stehen,

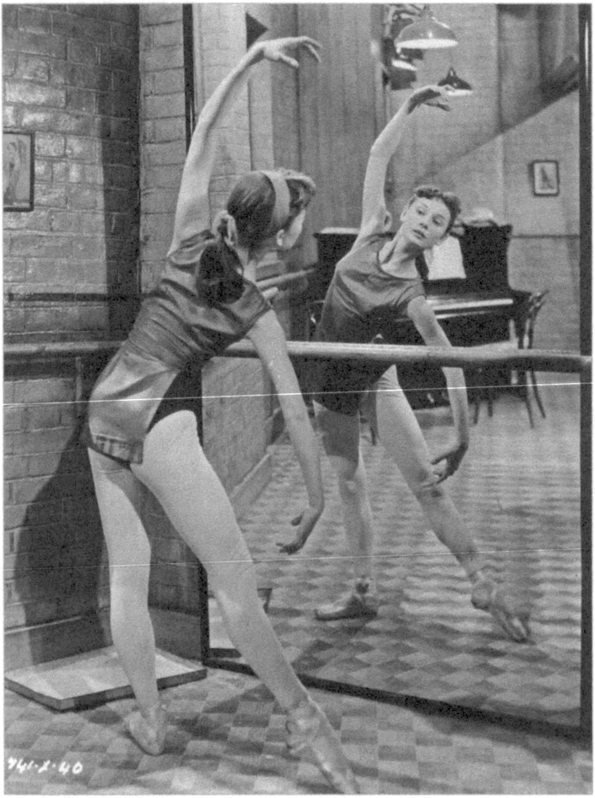

Sie träumte davon, Primaballerina zu werden. –
1952 in *Secret People*

die sich an der Hand halten; auf einer dritten Zeichnung, die fast an eine Kostümfigurine erinnert, sieht man eine Königin mit Tudor-Kragen im Elisabeth I.-Stil, an der ein kleiner Hund hochspringt. Ein viertes scheint eine Szene aus *Der Zauberer von Oz* zu zeigen: Man sieht Dorothy, den feigen Löwen und den Blechmann, die sich an den Händen oder Pfoten halten und auf einer schnurgeraden Straße dem Sonnenuntergang entgegengehen. Erstaunlicherweise gibt es sogar eine Zeichnung einer Ballerina im schwarzen Tutu mit einem leicht seitlich ausgerichteten Kopfschmuck, die eine ganze Menge bunter Luftballons steigen lässt. Wie kann man da nicht an *Funny Face* und die Aufnahme vor dem Arc de Triomphe denken!

Die Zeichnungen sind in zarten Farben gestaltet, die Umrisse der Figuren mit dünnem, ein wenig wackeligem Strich skizziert; vielleicht verraten sie etwas über die Tagträume eines kleinen Mädchens, das sich wie alle Kinder nach einer heilen Familie sehnte und über das der Krieg hereingebrochen war. Im Nachhinein ist man auch geneigt, Hinweise auf das spätere Leben Audreys in den Bildern zu entdecken: auf ihre Filmrollen in historischen Kostümen, auf ihr Interesse an Schauspiel und Tanz.

Während die Niederlande unter deutscher Besatzung standen, erhielt Audrey Ballettunterricht. Sie wollte Primaballerina werden. Offenbar hat ihre Mutter eine Zeit lang selbst eine Ballettschule betrieben, in der Audrey auch unterrichtete. Außerdem ging sie aufs Konservatorium in Arnheim. Es gibt verschiedene Quellen, die berichten, dass Audrey im Krieg als Kurierin für den Widerstand fungiert habe, so schreibt ihr Sohn: »Ja, sie hatte geheime Botschaften in den Schuhen getragen, weil Kinder weniger verdächtig waren und die Soldaten sie daher seltener durchsuchten.« Tief erschüttert muss sie über die Deportation jüdischer Familien aus Arnheim gewesen sein, die sie ein paarmal beobachtet hatte. Und 1991, nachdem sie nach 45 Jahren zum ersten Mal wieder in den Niederlanden gewesen war, fragte sie der Fernseh-Journalist Larry King nach ihren Erinnerungen an die Kindheit. »Damals bin ich in der Kleinstadt, wo wir lebten, an einem großen Gebäude entlanggegangen, ich wusste nicht, was das war; da kamen schreckliche Geräusche raus, und als ich fragte, hat man mir erklärt, das sei ein Gefängnis, da würden Menschen gefoltert. Das vergisst man nicht.«

Prägend für die Jahre von 1939 bis 1946 waren die Lebensmittelknappheit und die Entbehrungen, unter denen die Niederländer litten, besonders im Jahr 1944: »Sie erzählte uns, ihre Brüder hätten Hundekuchen gegessen, wenn es nichts anderes gab; und das Brot sei grün gewesen, weil nur Erbsenmehl erhältlich gewesen sei«, berichtet Sean Hepburn Ferrer. Wie es Ella van Heemstra gelang, ihre drei Kinder durchzubringen, ist nicht überliefert; sicher ist, dass Audreys Großvater dabei eine wichtige Rolle gespielt hat. Als ehemaliger Bürgermeister von Arnheim konnte er womöglich noch Lebensmittel auftreiben. Aber damit war es spätestens im Winter 1944 vorbei, als die Deutschen die Nachschubwege für Brennstoffe und Nahrungsmittel blockierten und dadurch für den sogenannten *Hongerwinter* sorgten. Zu dessen Symbol wurde die Tulpe – da auch die Exportwege versperrt waren, gab es große, eingelagerte Vorräte von Tulpenzwiebeln, die von den Holländern verzehrt wurden, nachdem Ärzte deren Genuss öffentlich für unbedenklich erklärt hatten. Viele Niederländer, auch Audrey Hepburn, litten in diesem extrem kalten Winter an Hungerödemen und Anämie.

1990 wurde – wohl nicht zufällig – eine weiße Tulpenzüchtung nach Audrey Hepburn benannt – das von ihr signierte Zertifikat der Königlichen Blumenzwiebelzüchtervereinigung wurde im Frühjahr 2018 für 7.500 britische Pfund bei Christie's versteigert.

Obwohl Audreys Großvater versucht haben muss, ihr den fehlenden Vater wenigstens zum Teil zu ersetzen, war Audreys Leben, wie Sean Hepburn Ferrer berichtet, von Traurigkeit überschattet. Der Schmerz und auch die Scham über den Verlust bestimmte ihre Kindheit, und beides konnte sie auch nicht überwinden, als sie im späteren Leben ihren Vater wiedertraf.

Audreys erster Ehemann Mel Ferrer, den sie 1954 geheiratet hatte, ließ Joseph Hepburn-Ruston durch das Rote Kreuz suchen, da er, wie sein Sohn schreibt, begriff, wie wichtig der Vater in Audreys Leben war. Um 1960 trafen die beiden sich in Dublin. Aber es gab wohl keine tränenreiche Wiedervereinigung, keine Reue aufseiten des Vaters, keine Entschuldigungen. Die späte Begegnung war eine große Enttäuschung. Dennoch unterstützte Audrey ihren Vater finanziell, als sie es sich leisten konnte. 1980, kurz vor seinem Tod, sollte sie ihn ein weiteres Mal besuchen, zu seiner Beerdigung kam sie jedoch nicht.

Sean Hepburn Ferrer beschreibt seinen Großvater als eine Art Hochstapler, als charmanten Dilettanten, der viele Begabungen und ein sicheres gesellschaftliches Auftreten hatte, es jedoch in keinem Beruf lange aushielt. Und er schildert Joseph Anthony Hepburn-Ruston auch als gefühlkalten Mann, der sich womöglich gegen die in seiner Jugend erfahrenen Traumata durch einen inneren Panzer abgeschottet hatte. Damit war der 1889 geborene Joseph Ruston sicher ein typischer Vertreter seiner Generation: die der desorientierten, ziel- und ruhelosen Überlebenden des Ersten Weltkriegs, die Gertrude Stein später als die verlorene Generation bezeichnet hat.

Für Audrey Hepburn mag das ein schwacher Trost gewesen sein, über viele Jahre waren ihre

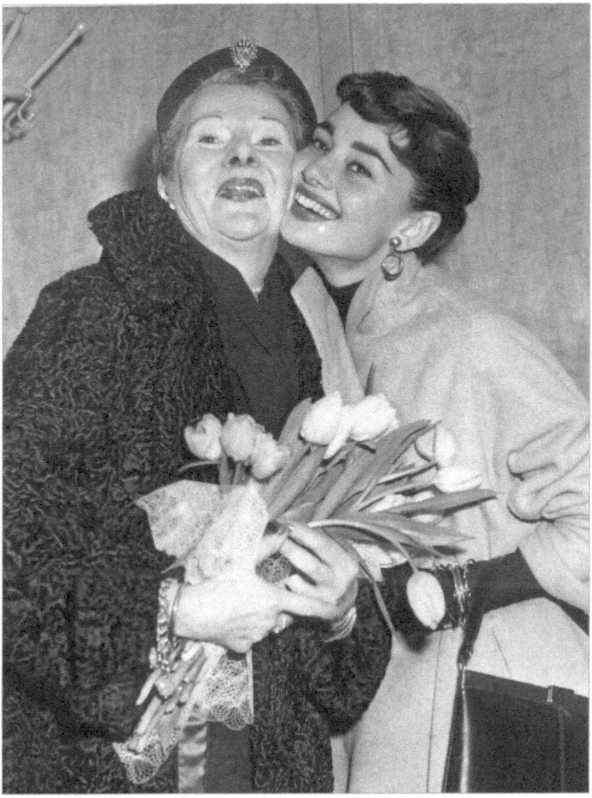

Wiedersehen mit Mutter Ella van Heemstra
im Dezember 1953 in New York

Liebesbeziehungen nicht sehr glücklich, weder ihre erste Ehe mit einem wesentlich älteren noch die zweite mit einem wesentlich jüngeren Mann konnten ihre emotionalen Verletzungen aus der Kindheit heilen. Sie war besessen von der Furcht, verlassen zu werden, nicht genug tun zu können, um die Männer zu halten.

Audreys Mutter bleibt in den Biografien etwas blass. Sie scheint sich ebenfalls wenig um ihre Tochter gekümmert zu haben, unterstützte aber wohl ihre tänzerischen Ambitionen. Ein Foto aus Audreys Geburtsjahr zeigt Ella van Heemstra mit ihrer wenige Monate alten Tochter. Mit Pagenkopf, ausgeprägtem Make-up, Perlenketten und Stoffblume am dünnen Tüllkleid sieht sie nach Flapper aus und das Baby etwas befremdet an. Auf einem Bild von 1953 trägt die inzwischen füllig-matronenhafte Ella einen Persianermantel mit passendem Hut, als sie bei ihrer Ankunft in den USA von Audrey begrüßt wird. Für den Fotografen posieren die beiden Frauen Wange an Wange; das Lächeln der Mutter wirkt etwas mühsam, das ihrer im Gegensatz zu ihr spindeldürren, hocheleganten Tochter offen und herzlich. Aber wer weiß? Audrey stand am Beginn ihrer Schauspielkarriere und »füllte die Luft mit Lächeln«, wie es in *Funny Face* heißt: »She fills the air with smiles.« Und das, obwohl sie eine eher traurige Frau gewesen sein muss.

Ich wollte immer tanzen

Primaballerina zu werden war der große Traum der kleinen Audrey; seit ihrer Kindheit hatte sie Ballettstunden, und man kann sich vorstellen, dass ihr der Tanz über die Kriegsjahre hinweggeholfen hat, nicht nur, indem er Raum für Träume und Fantasien schuf, sondern auch, indem er den Alltag strukturierte, den Drill gegen die Angst setzte und das kriegsbedingte Hungern zum Programm erklärte. Audreys Mutter unterstützte ihre Tochter, die allerdings schon früh zum Familieneinkommen beitrug, weil sie ihrerseits Ballettunterricht gab.

Als die beiden 1948 nach London gingen, hatte Audrey eine Empfehlung ihrer holländischen Ballettlehrerin an eine große alte Dame des Bühnentanzes in der Tasche: Marie Rambert war 60 Jahre alt, unterhielt ihre eigene »Rambert Dance Company« und unterrichtete den Nachwuchs. Sie ließ Audrey vortanzen und versprach, sie nach einer Wartezeit von drei Monaten aufzunehmen; bis dahin würde ein Zimmer in ihrer Schülerinnenpension frei werden. Inzwischen musste Audrey Geld verdienen; sie war beinahe 19 Jahre alt, hatte keinen richtigen Schulabschluss, und ihre Mutter hatte keinen

Beruf. Durch einen Zufall machte sie ihre ersten Erfahrungen beim Film: Sie arbeitete in einer der ersten niederländischen Nachkriegsproduktionen als Komparsin: *Nederlands in zeven lessen* war ein kurzer, an realen Schauplätzen gedrehter Reisefilm. Der Regisseur und Produzent Charles Huguenot van der Linden sollte 1972 schließlich einen Oscar für den besten Kurzdokumentarfilm gewinnen – seinem Genre ist er offenbar immer treu geblieben.

In dem mit einem Voice-over-Kommentar unterlegten Schwarzweißfilm sieht man Audrey in einer Uniform der Fluggesellschaft KLM, aufgenommen aus der leichten Untersicht vor einem etwas wolkigen Sommerhimmel, die erst einem startenden Flugzeug nachschaut und dann den Piloten eines zweiten vor der Maschine verabschiedet. Sie trägt kinnlange, gelockte Haare und hat ein noch kindlich-rundes Gesicht, in dem die Entbehrungen der Kriegsjahre keine Spuren hinterlassen haben. Nur schwer zu erkennen ist die spätere Audrey in dieser linkisch-staksigen jungen Frau, die allerdings schon den typischen Tänzerinnengang hat, den sie nie mehr ablegen sollte: große Schritte mit leicht gespreizten Füßen in flachen Schuhen. Sie bestand darauf, so berichtet ihr Sohn Sean, dass Schuhe immer eine halbe Nummer größer als die passende Größe sein mussten, damit sich die Zehen nicht verformten. Und als er sie einmal fragte, warum sie so schnell gehe, sagte sie: »Ich will eben ankommen.«

Zurück in London, nahm Audrey den Unterricht bei Marie Rambert auf, nebenbei jobbte sie als Model für Seife und Shampoo, erledigte Schreibarbeiten, während Mutter Ella ihrerseits in prekären Arbeitsverhältnissen steckte. Audrey, ehrgeizig und ausdauernd, versuchte, durch hartes Training ihrem Traum näherzukommen. Noch 1991 sagte sie in einem Fernsehinterview mit Larry King: »Ich bin keine Schauspielerin, das kam so über mich; ich wollte immer tanzen.« Wie groß muss Audreys Enttäuschung gewesen sein, als Marie Rambert ihr mitteilte, dass sie keine Zukunft als Primaballerina hätte, aber »sie sei eine ihrer besten Schülerinnen und könne wohl in zweiter Reihe erfolgreicher werden; das sei eine solidere Arbeit, und sie könne immer an ihrer Akademie lehren und gut verdienen.« Audreys Sohn Sean hat diese Absage zitiert und berichtet weiter: »Meine Mutter konnte einfach nicht mit anderen Tänzerinnen mithalten, die während der Kriegsjahre gut ausgebildet und ernährt worden waren. Der Krieg hatte ihren Traum zerstört. An diesem Tag ging sie in ihr Zimmer und ›wollte sterben‹.«

Aber sie rappelte sich auf und bewarb sich erfolgreich als Chorus Girl in der Londoner Produktion des amerikanischen Musicals *High Button Shoes*, 291 Aufführungen lang tanzte sie im Hippodrome im West End, sechs Abende in der Woche und zwei Matineen am Wochenende. Der Höhepunkt war eine beinahe zehn Minuten lange Ensemble-Tanznummer, in der die »Schauspieler in einer Dekoration von Badehäuschen an einem hölzernen Steg türenknallend hinein- und wieder herausstürzen, über die Bühne stolpern, fallen, rollen, wieder auf die Füße springen, miteinander zusammenstoßen: ein meisterlich choreografiertes Chaos«, so die Autorin Amanda Veill in ihrer Lebensbeschreibung des Choreografen Jerome Robbins. Die ans klassische Ballett gewöhnte Audrey musste sich umstellen und arbeitete hart, so hart, dass sie von Cecil Landeau, einem weiteren West End-Produzenten, entdeckt wurde.

So wechselte sie im Mai 1949 ins Cambridge Theater zu *Sauce Tartare*, eher eine Revue als ein Musical: 27 kurze Sketche, deren Star die afroamerikanische Sängerin Muriel Smith war. Auf einem Publicity-Foto von 1949 sind Audrey und zwei andere Tänzerinnen zu sehen: alle drei in weit dekolletierten Abendkleidern und gewagten Hut-Kreationen, wie Audrey sie immer wieder tragen sollte. Auf einem weiteren posieren vier junge Frauen vor der Fassade des Cambridge, und die Bildunterschrift verkündet: »Vier Länder marschieren im Gleichschritt, wenn die Tänzerinnen zur Probe im Cambridge Theater ankommen: Nicht weniger als zwölf Nationen sind bei der Show ›Sauce Tartare‹ repräsentiert.« Neben Audrey sind die Norwegerin Aud Johansen, die Russin Nina

Tarakanova und eine weitere junge Frau namens Marlana abgebildet. Nach den Schrecken und Chauvinismen des Zweiten Weltkriegs war die internationale Besetzung offenbar ein Grund, stolz zu sein: London war bereits auf dem Weg, Paris als Kulturmetropole abzulösen.

Eine französische Audrey-Hepburn-Website zitiert Kolleginnen und Kollegen und den Bühnen-Fotografen Anthony Beauchamp, die von Audreys Frische, ihrer hinreißenden Erscheinung und ihrer Beliebtheit beim Publikum berichten, obwohl sie keine wirklich gute Tänzerin gewesen sei. Die Show brachte es auf 433 Aufführungen, der Erfolg schrie nach Fortsetzung. Und so inszenierte Landeau mit *Sauce Piquante* noch einmal eine Mischung aus Sketchen, Gesangs- und Tanzeinlagen im Cambridge Theater. Die Premiere fand am 27. April 1950 statt, und dieses Mal durfte Audrey ein Solo tanzen. Davor veröffentlichte die Produktion PR-Fotos, eins davon zeigt Audrey in einer Art umgekehrten Tulpenkostüm. Sie sitzt in einer grotesken Pose auf einer Brüstung, zeigt sehr viel Bein unter den Blütenblättern des Tutus und erstaunlicherweise eine fast rundlich zu nennende Figur. Die 20-Jährige ist weit entfernt von der ätherischen Schönheit, Anmut und Grazie, für die Audrey Hepburn im öffentlichen Gedächtnis geblieben ist. Ihr Biograf Donald Spoto schreibt, dass sie sich in England vor allem von Schokolade ernährt habe,

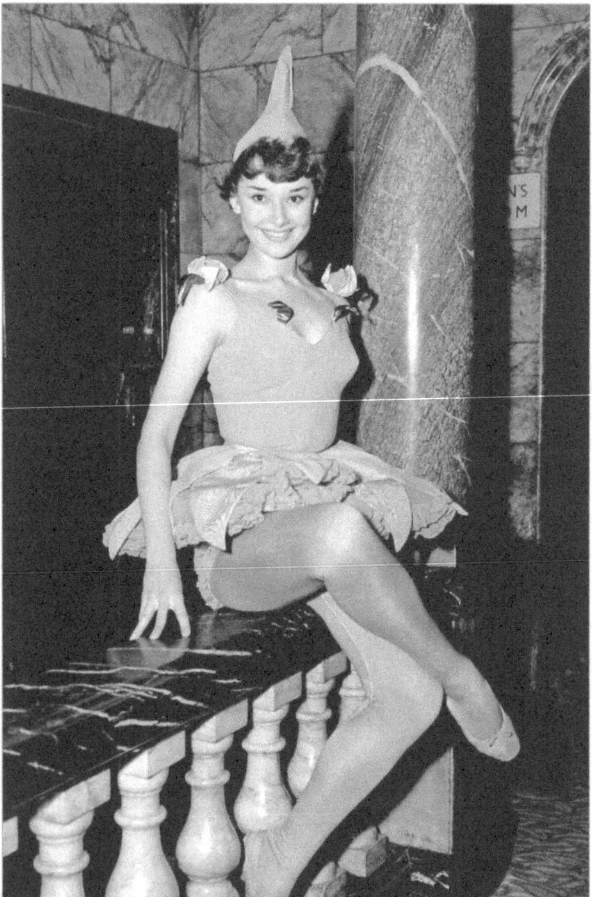

1950 auf einem PR-Foto für *Sauce Piquante*
im Londoner Cambridge Theater

die ihr als Kompensation für die Entbehrungen der Kriegszeit geeignet schien. Eine Vorliebe für Süßes habe sie ihr ganzes Leben lang behalten, berichtet ihr Sohn Sean.

Sauce Piquante lief nur acht Wochen im West End und wanderte dann in verkürzter Form in einen Nachtclub namens Ciro's, wo das Programm, das sich über zeitgenössische Musicals und Filme lustig machte, zweimal am Abend aufgeführt wurde. Der Produzent Cecil Landeau war vielleicht der Erste, der Audreys schauspielerisches Potenzial erfasste. Weil er ihr kleine Sprechrollen gab, erregte sie die Aufmerksamkeit einflussreicher Herren des britischen Showgeschäfts. Die kamen nicht nur, um die Beine der Tänzerinnen anzuschauen, was man im Nachtclub wesentlich besser konnte als im Theater, sondern auch, um Talente zu entdecken. So der Regisseur und Produzent Mario Zampi, der Audrey in seinem Film *Laughter in Paradise* eine Mini-Rolle als Zigarettenverkäuferin im Nachtclub gab, für die sie natürlich nicht viel Vorbereitung brauchte. 1950 standen die Weichen für Audrey in Richtung Schauspiel, und das erkannte sie selbst auch.

Als Audrey sich im Frühjahr 1951 während der Dreharbeiten zu *Nous irons à Monte Carlo* an der französischen Riviera aufhielt, kam es zu einer Begegnung, die entscheidend für ihre weitere Karriere sein sollte. Die Schriftstellerin Colette

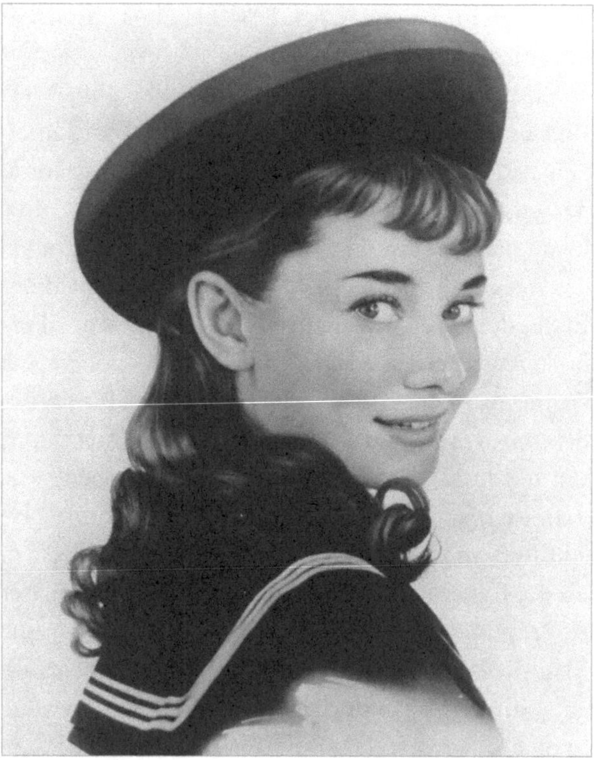

Als Gigi im gleichnamigen Stück der Colette
1951 am New Yorker Broadway

hatte 1945 ihren Roman *Gigi* herausgebracht, die Dramatikerin Anita Loos ihn für den Broadway adaptiert. Die Suche nach der Besetzung für die Titelheldin, ein junges Mädchen, das zur Kurtisane ausgebildet wird, war in vollem Gang. Colette wurde im Rollstuhl am Strand entlanggeschoben, als Audrey aus dem Meer stieg. »Voilà ma Gigi!«, soll die alte Dame gerufen haben; und so wurde Audrey zum Broadway-Star: Von November 1951 bis Mai 1952 spielte sie die Gigi zur Begeisterung der Kritiker. Und Hollywood suchte auch am Broadway nach neuen Talenten.

Dass sie tanzen konnte, würde ihr später nützen: In fast allen ihrer Filme gibt es Tanzszenen: auf dem Vergnügungsboot in *Roman Holiday*, in der leeren Tennishalle in *Sabrina*, die großen Ballszenen in *War and Peace* und *My Fair Lady*; und natürlich ist *Funny Face* der Film, der ihr ganzes tänzerisches Können auf den Punkt bringt. Mit dem begnadeten Tänzer Fred Astaire als Partner kann sie mithalten; geradezu atemraubend ist jedoch ihre dreieinhalb Minuten lange Solo-Nummer im Kellercafé der Pariser Bohemiens. Die in jeder Hinsicht meisterliche Sequenz setzt auf die Komplizenschaft des Publikums, das genießt, wie Astaire, einer der besten Tänzer aller Zeiten, aber auch 30 Jahre älter als Audrey Hepburn, zurechtgewiesen, über sein ureigenstes Metier aufgeklärt und zum Staunen gebracht wird. »Begreifen Sie nicht, dass Tanzen nur eine Form des Ausdrucks oder der Entspannung ist?«, fragt das angehende Model Jo den Fotografen, der darauf besteht, dass eine Frau von einem Mann zum Tanz aufgefordert werden sollte, was Jo furchtbar altmodisch findet. »Ich muss sagen, ich habe Lust, mich selbst auszudrücken«, erklärt sie, und dann legt sie los.

Zu wilden Jazz-Rhythmen führt Audrey, gekleidet in das legendäre schwarze Outfit aus Rollkragenpulli, 7/8-Hosen und Slippers, eine raumgreifende Modern-Dance-Choreografie vor, bei der sie zwei männliche Tänzer begleiten. Elemente aus dem Stepptanz, dem Klassischen Ballett und Figuren, die man heute dem Break Dance zuordnen würde, sind zu erkennen, Hebefiguren, Sprünge übers Mobiliar; und nicht zuletzt bezieht Audrey die Instrumente der kleinen Combo in ihre Performance ein. Anscheinend mühelos, rasend schnell und mit artistischer Präzision bewältigt sie die Anforderungen der Choreografie, die, auf Filmmaterial gebannt, Audrey Hepburns tänzerische Fähigkeiten dokumentiert und damit vor dem Vergessen gerettet hat.

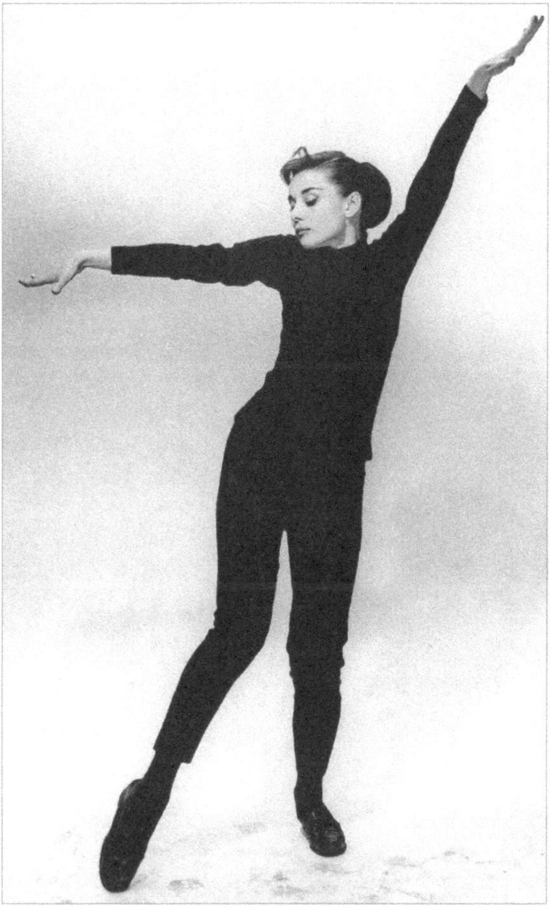

Als Jo in *Funny Face*, 1957

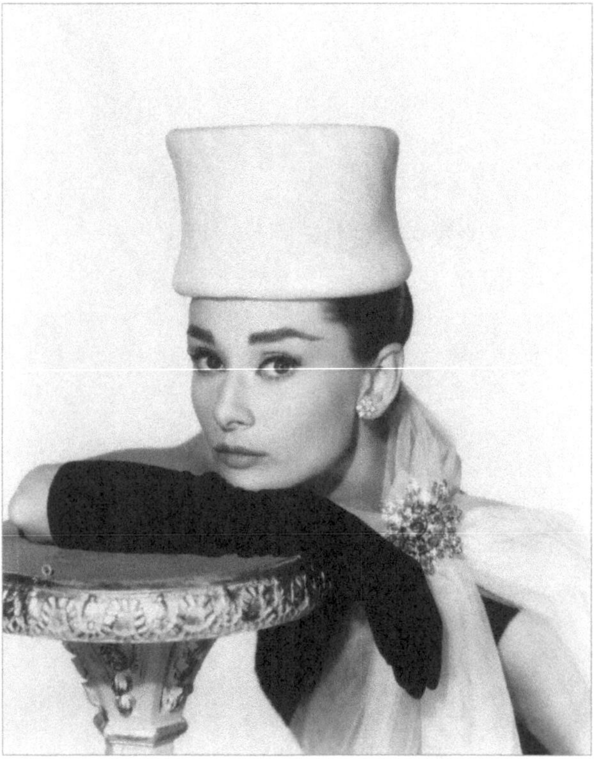

Givenchys Muse – *Funny Face*, 1957

Givenchy – der Modeschöpfer und seine Muse

Eine »Frau, die sogar in einem Kartoffelsack noch elegant aussieht« – das war Audrey Hepburn für den Pariser Modeschöpfer Hubert de Givenchy, mit dem sie seit ihrer ersten Begegnung im Jahr 1953 immer befreundet blieb.

Givenchy hatte gerade sein eigenes Atelier in der Rue Alfred-de-Vigny im luxuriösen 8. Pariser Arrondissement eröffnet, als ihm der Besuch einer Hollywood-Schauspielerin namens Hepburn angekündigt wurde. Nachdem er bei Jacques Fath gelernt und die letzten vier Jahre bei der Modezarin Elsa Schiaparelli entworfen hatte, war der damals 27-jährige Modedesigner ein aufsteigender Stern am Modehimmel, während Audrey Hepburn nach ihrem Film *Roman Holiday* ebenfalls bald zum Star werden sollte.

Doch noch war sie relativ unbekannt, und so dachte Givenchy natürlich an Katharine Hepburn: »Als ich dann dieses gertenschlanke junge Mädchen mit den riesengroßen Augen hereinkommen sah, war ich zunächst überrascht, ja fast enttäuscht«, erinnerte er sich rückblickend. »Sie wollte unbedingt meine Kleider anprobieren.« Zunächst habe er sich ein wenig gesträubt, sei aber gegen Hepburns Überredungskunst nicht angekommen. Und als sie ihm schließlich ein Kleid vorführte, habe er sofort erkannt, dass Audrey das perfekte Model für seine Entwürfe war.

Hubert de Givenchy gilt als Minimalist unter den Modemachern, was der Schauspielerin Audrey Hepburn, die nach der Auskunft ihres Sohnes Sean für Einfachheit schwärmte, entgegengekommen sein muss. Givenchy legte stets Wert darauf, dass seine Kundinnen sich in seinen Kleidern wohlfühlten. »Seine Mode sorgte nie für laute Paukenschläge, er produzierte keine Streetwear und war nie vulgär«, konstatiert die Modejournalistin Drusilla Beyfus.

Kleider, die Modegeschichte schrieben, kreierte Hubert de Givenchy für Audrey Hepburn, die er seine Muse nannte: Nicht nur bei der Auswahl ihrer privaten Garderobe verließ sie sich ganz auf ihn, sondern auch für einige ihrer bekanntesten Filmkostüme war Givenchy verantwortlich.

Bei der Oscar-Verleihung 1954, als sie für *Roman Holiday* als beste Schauspielerin ausgezeichnet wurde, trat Audrey Hepburn zum ersten Mal in einem Givenchy-Kleid öffentlich auf, das zu einer Ikone der Modegeschichte geworden ist: Das weiße, ärmellose Kleid aus einem halb transparenten, unterlegten Stoff mit eingewebten Blüten brachte durch ein eng anliegendes Oberteil und einen

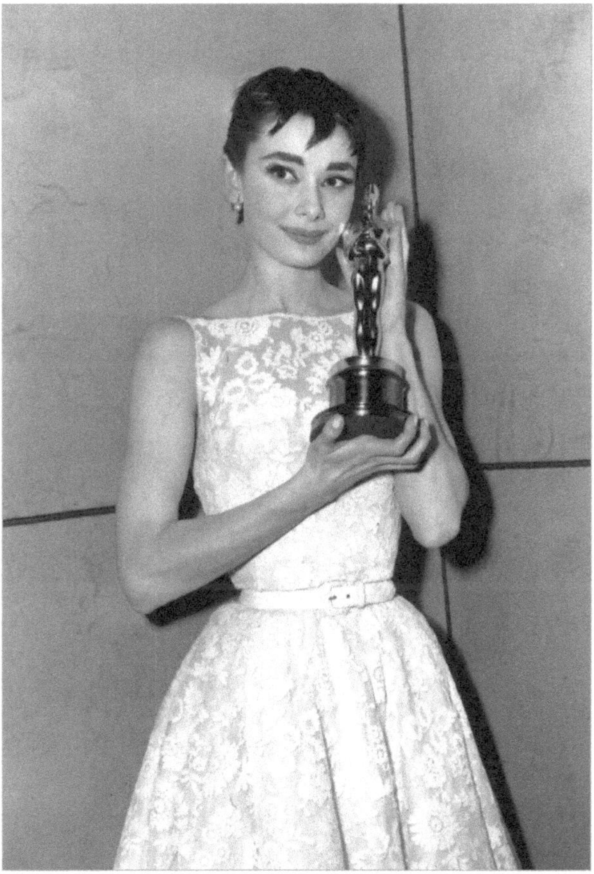

Im »Oscar-Kleid« von Givenchy 1954

schmalen Gürtel über dem schwingenden, wadenlangen Rock ihre Schlankheit zur Geltung. Statt eines Dekolletees hat es einen U-Boot-Ausschnitt, der auf dem Rücken in Träger übergeht. Angeblich hat Givenchy das Modell Hepburns Wünschen angepasst, die ihre ein wenig hervortretenden Schlüsselbeine nicht gerne zeigte. Hepburn trug dazu einen fransigen Kurzhaarschnitt und Perlenohrhänger und brachte damit frischen Wind ins plüschige Hollywood. Zum Vergleich: Die Schauspielerin Gloria Grahame, die im selben Jahr für die beste weibliche Nebenrolle ausgezeichnet wurde, erschien in einem schulterfreien Kleid mit einem Bustier, das den Busen durch üppig drapierte und gefältelte Stofflagen betonte und seine Trägerin gerade deshalb bieder wirken ließ.

Vier von Hubert de Givenchys Filmgarderoben waren stilbildend und unterstrichen jeweils Audrey Hepburns Typ: von der braven Chauffeurstochter, die sie als Mittzwanzigerin in *Sabrina* spielte, zum verwöhnten, klassisch eleganten Callgirl in *Breakfast at Tiffany's*, das sie mit Anfang 30 darstellte; vom existenzialistisch angehauchten unfreiwilligen Model in *Funny Face* im Jahr 1957 bis zur extravagant gekleideten Kunstdiebin in *How to Steal a Million*, die sie ein knappes Jahrzehnt später spielte.

Sabrina – vom Entlein zum Schwan

Erst ein halbes Jahr nach der Oscar-Verleihung kam *Sabrina* ins Kino, der Film, der die professionelle Zusammenarbeit zwischen Hepburn und Givenchy begründet hatte. Es ist eine Art Aschenputtel-Geschichte: Die von Audrey gespielte Titelfigur ist die Tochter des Chauffeurs der reichen Familie Larrabee, deren einer Sohn, Linus, die Geschäfte führt, während David, der andere, im Wesentlichen seinem Vergnügen nachgeht. Die unscheinbare Sabrina, die seit ihrer Kindheit in ihn verliebt ist, nimmt er gar nicht zur Kenntnis. Erst nachdem sie zwei Jahre in Paris Kochen, Stil und Benimm gelernt hat, ändert sich das; das ehemals hässliche Entlein kommt als Schwan zurück.

Die Kostümbildnerin Edith Head war enttäuscht zu hören, dass Hepburn echte Pariser Garderobe tragen und selbst aussuchen wollte. So kam es zur Begegnung mit Hubert de Givenchy, bei dem Hepburn schließlich drei Kostüme aus seiner letzten Kollektion auswählte: ein doppelreihiges, dunkles Wollkostüm, das Sabrina zusammen mit einem kleinen, hellgrauen Turban bei ihrer Rückkehr nach Amerika trägt, ein schwarzes Cocktailkleid, bei dem der speziell für sie angefertigte Schnitt, der das Oscar-Kleid unverwechselbar machen sollte, zum ersten Mal produziert worden war. Erst mit dem Film aber wurde diese Form des Dekolletees –

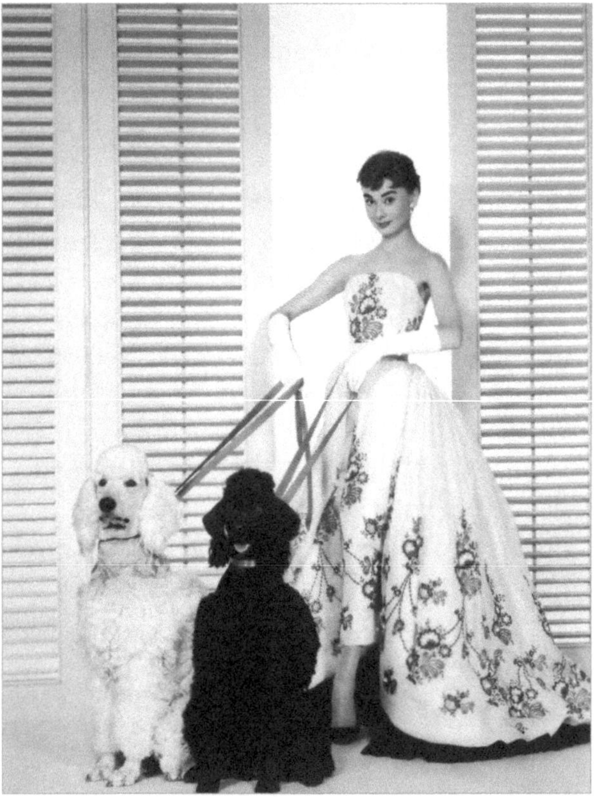

Vom Entlein zum Schwan – *Sabrina*, 1954

relativ hoch geschlossene, schulterfreie Front, die auf dem Rücken in Träger übergeht – so populär, dass sie als Sabrina-Dekolletee ins Vokabular der Mode eingegangen ist. Noch bekannter ist womöglich eine Robe aus weißem Organdy mit einer Blumenstickerei aus Seidenfäden und Perlen. An das Bustier schließt sich ein enger, knöchellanger Rock an, über dem ein üppiger, vorne geteilter, schleppenartiger Überrock liegt.

Dieses Ballkleid für Sabrina, mit der die von Hepburn gespielte Titelfigur nicht nur den nichtsnutzigen David Larrabee begeistert, sondern plötzlich auch gesellschaftsfähig erscheint, ist, ebenso wie die Kombination aus Shorts und kariertem Hemd oder das kleingemusterte Schürzenkleid über einem schlichten, schwarzem Pullover von Edith Head, einzig dazu da, Audrey fantastisch aussehen zu lassen. Zusammen kreierten Givenchy und Edith Head die Mischung aus Eleganz und Burschikosität, die Hepburn auszeichnete, weil sie – wie nur wenige Frauen – beides überzeugend verkörpern konnte. Deshalb kann man nicht so richtig glauben, dass dem Frauenkenner und Lebemann David die Anmut der von Audrey gespielten Chauffeurstochter, selbst wenn sie im Kittelkleid steckte, verborgen geblieben sein soll, wie es der Film behauptet.

Im realen Leben verliebten sich Audrey Hepburn und William Holden, der zehn Jahre ältere Darsteller des David, ineinander, aber die Affäre endete schnell. Hubert de Givenchy jedoch blieb ihr erhalten. Nach *Sabrina* umso mehr: Denn für die Kostüme in diesem Film zeichnete offiziell nur Edith Head verantwortlich. Da es keine vertragliche Vereinbarung zwischen Hepburns Produktionsfirma Paramount und dem Haus Givenchy gab, bestand auch keine Notwendigkeit für eine Nennung im Abspann. In Monografien über Givenchy, Hepburn und Edith Head wird übereinstimmend behauptet, Letztere habe den Modeschöpfer in ihrer Dankesrede bei der Oscar-Verleihung 1955, als sie für *Sabrina* mit dem Preis für die besten Kostüme ausgezeichnet wurde, nicht erwähnt. Erst nach ihrem Tod habe der Gentleman Hubert de Givenchy erklärt, dass Audrey seine Entwürfe trug. Audrey Hepburn selbst dagegen schrieb: »Edith Head besaß die Größe, auf die Leistungen Givenchys deutlich aufmerksam zu machen, ohne die dieser Erfolg sicher nicht möglich gewesen wäre.« Tatsächlich hielt Edith Head überhaupt keine Rede, sondern stürmte auf die Bühne, schnappte sich die Statuette und verschwand, dabei ein kurzes »Thank you« hauchend, wie ein Blick ins Archiv der Aufzeichnungen von Oscar-Verleihungen beweist. Ob sie durch diese Strategie vermeiden wollte, Givenchy erwähnen zu müssen, weiß man nicht. Es bleibt die Tatsache, dass er keine offizielle Anerkennung für seine Arbeit an *Sabrina* erhielt.

Noch ein weiteres Mal musste Givenchy eine amerikanische Kröte schlucken: Jacqueline Kennedy, übrigens wie Audrey 1929 geboren, hatte den Designer während ihres Studiums in Paris kennengelernt und gehörte zu seinen ersten Stammkundinnen. Als sie First Lady wurde, kritisierte die Presse ihre Vorliebe für französische Mode scharf. Anfang 1961 musste Jackie öffentlich erklären, nur noch amerikanische Kleider tragen zu wollen. Bei einem Staatsbesuch in Frankreich im selben Jahr jedoch wurde dieses Prinzip aus Höflichkeit gegenüber dem Gastland gebrochen, und Givenchy durfte eine Tages- und eine Abendgarderobe für sie entwerfen. Ein offizielles Foto zeigt die Kennedys und die de Gaulles auf dem Balkon des Schlosses Versailles. Das Abendkleid, das die damals 32-jährige Jacqueline trägt, erinnert mit seinem eng anliegenden, weißen ärmellosen Oberteil und der Kaschierung des Busens durch Blumenstickerei und U-Boot-Ausschnitt an Hepburns Oscar-Kleid und lässt, wie dieses, seine Trägerin sehr jung und strahlend wirken.

»Dieses Mädchen wird den Busen noch völlig aus der Mode bringen«, raunzte Billy Wilder, der Regisseur von *Sabrina*, und auf lange Sicht sollte er recht behalten: Zwar waren zur gleichen Zeit wie Hepburn die zur Sanduhr stilisierte Marilyn Monroe oder Sophia Loren mit ihren freizügigen Dekolletees en vogue, aber Hepburn verweist mit ihrem Look der Fünfzigerjahre bereits auf die nächste Dekade, die eine der superdünnen Models werden sollte.

Funny Face – Das Model

Drei Jahre später kam *Funny Face* ins Kino – dieses Mal wurde der Pariser Modeschöpfer auch offiziell genannt, als Verantwortlicher für Hepburns Pariser Garderobe. Und was für eine Garderobe! Das Film-Musical porträtiert und persifliert die Mode-Szene; Anspielungen auf die *Vogue*-Chefin Diana Vreeland und den Fotografen Richard Avedon waren, als der Film herauskam, sicher leichter zu entdecken als heute. Diana Vreeland war seit 1937 die einflussreichste Redakteurin bei *Harper's Bazaar*, bevor sie 1963 Chefredakteurin der amerikanischen *Vogue* wurde. Avedon war einer ihrer bevorzugten Fotografen.

Funny Face erzählt von Jo Stockton, einer Buchhändlerin in Greenwich Village, die vom französischen Existenzialismus begeistert ist und überhaupt von Paris. Bei einer Foto-Session in der Buchhandlung wird sie entdeckt und erklärt sich bereit, mit der Herausgeberin des Magazins und dem Fotografen für ein Shooting nach Paris zu reisen. Sie hofft, dort den von ihr verehrten Philosophen Emile Flostre zu treffen. Dieser Plot bietet reichlich Gelegenheit, Givenchys fantastische Kreationen zu feiern: ein gelbes Blumendruck-Kleid mit breitkrempigem Strohhut, ein kleines Schwarzes, in dem Jo vor dem Arc de Triomphe bunte Luftballons fliegen lässt, eine rote Abendrobe mit Tüllschleier, in der sie die Treppe des Louvre hinunterschreitet, und schließlich ein wadenlanges Hochzeitskleid mit Ballerina-Rock, wieder mit U-Boot-Ausschnitt. Daneben führt Audrey Hepburn elegante Stadtkleider, Kostüme und ein sensationelles Anglerinnenoutfit vor: schmale Hose, bauchfreies kastenförmiges Oberteil in Weiß, Strohhut mit tief gezogener Krempe, hoher Krone und zwei rosa Schleifen, dazu Bauchbinde und Ballerinas, ebenfalls in Rosa. Man denkt, dass Hubert de Givenchy eine ganze Kollektion nur für diesen Film hergestellt hat. Endgültig manifestierte *Funny Face* die kongeniale Zusammenarbeit zwischen dem Modeschöpfer und der Schauspielerin.

In einer schönen Szene stellt der schon mit seinem Namen an Richard Avedon erinnernde Fotograf Dick Avery mit dem frischgebackenen Model Jo Stockton gleich zwei berühmte Avedon-Fotos nach: Das erste ist 1949 entstanden und zeigt das Model Dorian Leigh mit Dior-Hütchen und Tränen in den Augen in einem Zugabteil; drei Jahre später lichtete Avedon wiederum Dorian Leigh in einem doppelreihigen Tweed-Kostüm von Balenciaga auf dem Bahnsteig neben einem gerade angekommenen Zug ab. Im Film steht Hepburn in einem taupefarbenen Kleid-Mantel-Ensemble neben dem Gleis, während der Dampf einer Lokomotive sie langsam verschwinden lässt. Kurz vorher hat der Fotograf sie geküsst und ihr einen verhangenen Blick befohlen, den sie nun – unter der Krempe ihres mokkafarbenen Samthutes hervor – brav produziert.

Interessant sind auch die Anspielungen auf die Mode der Existenzialisten: Wenn Jo Stockton allein durch Paris flaniert, trägt sie schmale Hosen und einen schwarzen Rollkragenpullover, flache Schuhe und darüber einen beigefarbenen Trenchcoat. Mit diesem Look liegt sie im Trend des Streetwear und demonstriert ihre intellektuellen Ansprüche. Aber im Hollywood-Film unterliegt natürlich der französische Intellektuelle dem amerikanischen Fotografen beim Werben um die grazile junge Frau, was umso verwunderlicher ist, als Ersterer von dem hübschen, jungen Michel Auclair, Letzterer vom damals bereits knapp 60-jährigen Fred Astaire gespielt wurde, der allerdings besser tanzen konnte.

Kein Wunder ist es dagegen, dass Hubert de Givenchy 1957 Audrey Hepburn sein erstes Parfüm widmete: *L'Interdit.* Angeblich durfte ein ganzes Jahr lang nur sie es tragen, bevor es auf den Markt kam. Das verheißungsvolle, ein wenig verrucht klingende »Verbot« allerdings löst der Duft nicht ein, wie die Parfümkritikerin Tania Sanchez schreibt: »Diese altmodischen, milchig-nussigen

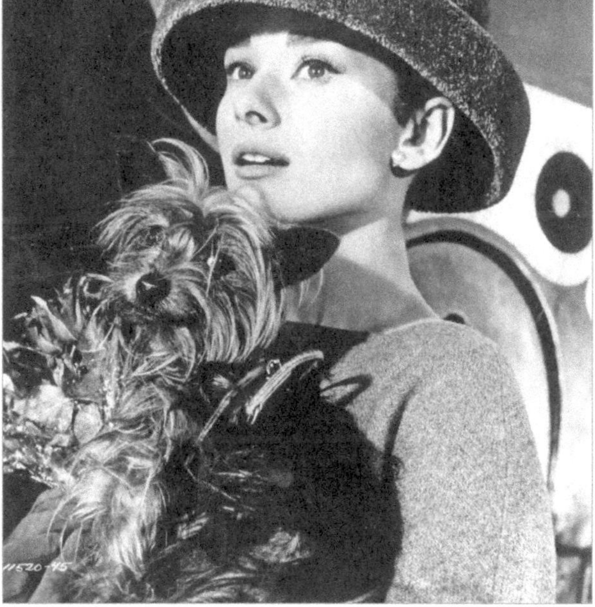

»Sie füllt die Luft mit Lächeln« – *Funny Face*, 1957

Noten mit einem künstlichen Bouquet aus Frühlingsblumen würden selbst im Gottesdienst niemanden aufregen ... *L'Interdit* ist ein außergewöhnlicher, aber rückgratloser, sanfter Blütenduft, der nichts Verbotenes an sich hat ...« Man stellt sich vor, dass genau diese Mischung aus Exzellenz und Sanftheit, aus Blumigem und Geschmeidigem, zu Audrey Hepburn passte. Eine Provokateurin war sie nicht – und das Erlaubte mag ihr allemal näher gelegen haben als das Verbotene. Jedenfalls war sie die erste Schauspielerin, die mit ihrem Namen für eine Parfüm-Kampagne stand; und die Verkaufszahlen erreichten schwindelerregende Höhen. Der Vorspann zu *Paris – When it Sizzles*, ein Film von 1963, nennt Givenchy als verantwortlich für »Miss Hepburns Kostüme und Parfüm«, und wenn William Holden einmal zu ihr sagt: »Sie riechen zauberhaft«, dann denkt man an eine frühe und sehr zurückhaltende Form von Product Placement.

Noch 1957 hatte auch *Love in the Afternoon* Premiere – wieder eine von Billy Wilder inszenierte Paris-Geschichte, bei der Audrey Hepburns Figur, gekleidet in Givenchy, sich in einen wesentlich älteren Mann verliebt, der von Gary Cooper dargestellt wird. Der Schwarzweißfilm beweist einmal mehr, dass der Hepburn-Givenchy-Stil auch in Grautönen gut funktioniert, wieder trägt Audrey Blumendruck-Kleider mit U-Boot-Ausschnitt, eine schulterfreie Robe mit Bustier, ein Kostüm mit kleinem Kragen und schmalem Rock und ein Ensemble aus karierter Hose, weißer Bluse und Strickjacke, wobei Letzteres auf den erhaltenen farbigen Set-Fotografien allerdings besser wirkt als in Schwarzweiß.

Breakfast at Tiffany's – mondäne Moderne

Vielleicht gar nicht einmal als Film, sondern als eine Sammlung ikonografischer Bilder, hat sich *Breakfast at Tiffany's* ins Gedächtnis der Öffentlichkeit eingebrannt. Die Besetzung mit Audrey Hepburn als Callgirl Holly Golightly scheint so zwingend, dass man sich Marilyn Monroe in dieser Rolle kaum vorstellen kann, obwohl der Autor Truman Capote gern sie als seine Heldin gesehen hätte.

Hauptsächlich an der Arbeit Hubert de Givenchys, der, abgesehen von einem legeren Jeans-und-Sweater-Outfit und dem Männerhemd, das Holly statt eines Morgenmantels trägt, alle Garderoben für Audrey Hepburn entwarf, liegt es, dass die Standfotos aus dem Film so bekannt geworden sind. Jedes einzelne von ihnen beweist, wie fantastisch Hepburn den Givenchy-Stil repräsentierte, und wie – umgekehrt – Givenchy seine Entwürfe an diesen sehr modernen Frauentyp angepasst hat.

Das schwarze Etuikleid aus der Anfangsszene, in dem Holly Golightly frühmorgens verkatert und

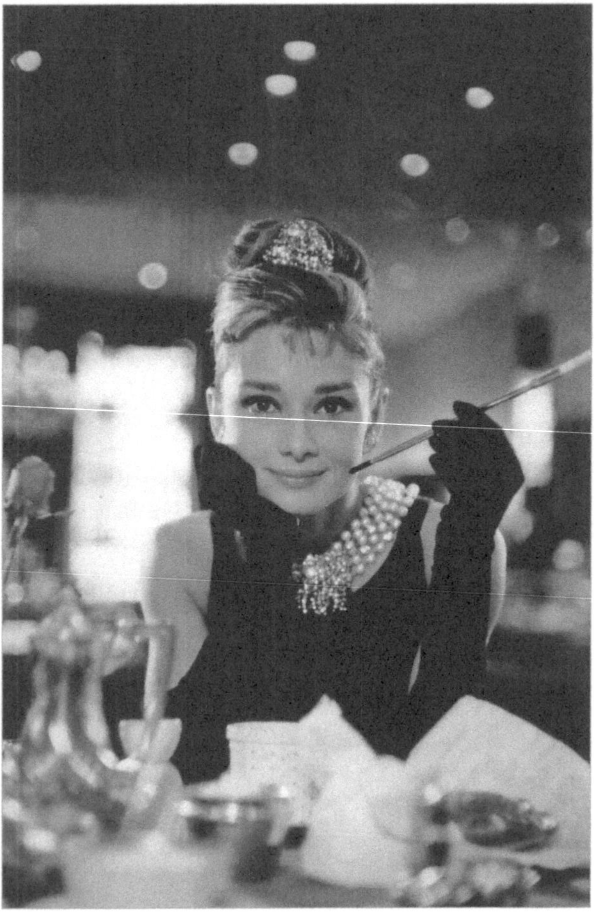

Rollenwechsel – als Holly Golightly
in *Breakfast at Tiffany's*, 1961

übernächtigt aus dem Taxi steigt und über die noch unbelebte Fifth Avenue spaziert – ein ärmelloses, gerade geschnittenes Satingewand mit einem raffinierten Rückenausschnitt –, wurde zum Klassiker. Kombiniert ist es mit einer dreireihigen Kette aus falschen Perlen, einer riesigen Schildpattsonnenbrille, langen, schwarzen Handschuhen und einem glitzernden Haarschmuck in der hochgesteckten Frisur. »Damit erreicht die Hepburn-Givenchy-Partnerschaft den Höhepunkt zurückhaltender Eleganz. Holly Golightlys Kater-Chic veranlasste einen Hype um falsche Perlendreireiher, ärmellose Kleider und überdimensionierte Sonnenbrillen, der bis heute anhält«, beschreibt die Hepburn-Biografin Patricia Clarke Keogh das Phänomen.

Eine zweite Garderobe aus *Breakfast at Tiffany's* ist vor allem wegen des Pelzhuts mit heruntergezogener Krempe – eine Form, die Audrey Hepburn besonders gut tragen konnte – fast ebenso bekannt: ein orangefarbener, zweireihiger Wollmantel mit dicken Knöpfen, großem Stehkragen und auf dem Rücken gebundenen Gürtel, mit dem Holly beim Tiffany-Bummel auftritt. Givenchy hat mehrere ähnliche Versionen davon entworfen, auch für *Charade* und *How to Steal a Million*. Seine halsfernen Kragen konnten auch trichter- oder kelchförmig sein und die untere Gesichtshälfte der Mantelträgerin bedecken. Auch privat ließ Hepburn sich in solchen Modellen sehen.

Schließlich muss der helle Trenchcoat noch erwähnt werden, den Holly in der Schlussszene trägt, zusammen mit der großen Sonnenbrille und einem seidenen Kopftuch, dessen unterm Kinn gekreuzte und nach hinten gebundene Enden die Dreiecksspitze am Flattern hinderte. Diese Art, das Kopftuch zu tragen, ist unzählige Male kopiert worden: Catherine Deneuve, Grace Kelly, Brigitte Bardot und selbst die Queen sind bekennende Anhängerinnen dieses klassischen Kopftuchlooks.

Mit *Breakfast at Tiffany's* etablierte Audrey Hepburn ein neues Image: Weg von der adretten, unschuldigen Tochter, hin zu mehr Selbstbestimmtheit, Frivolität und Genusssucht. Zu diesem Rollenwechsel trugen Hubert de Givenchys edle, klassisch-elegante und dabei hochaktuelle Filmkostüme bei. Mit Ballerina-Röcken, Blumenmustern und Schleifchen auf den Schultern war endgültig Schluss. Dass Audrey Hepburn immer auch ein wenig Kindfrau geblieben ist, lag sicher nicht an ihrer Kleidung.

How to Steal a Million – erwachsene Extravaganz

1966, kurz bevor sie sich aus dem Filmgeschäft zurückzog, drehte Audrey Hepburn zum dritten Mal mit William Wyler, der sie 13 Jahre zuvor für

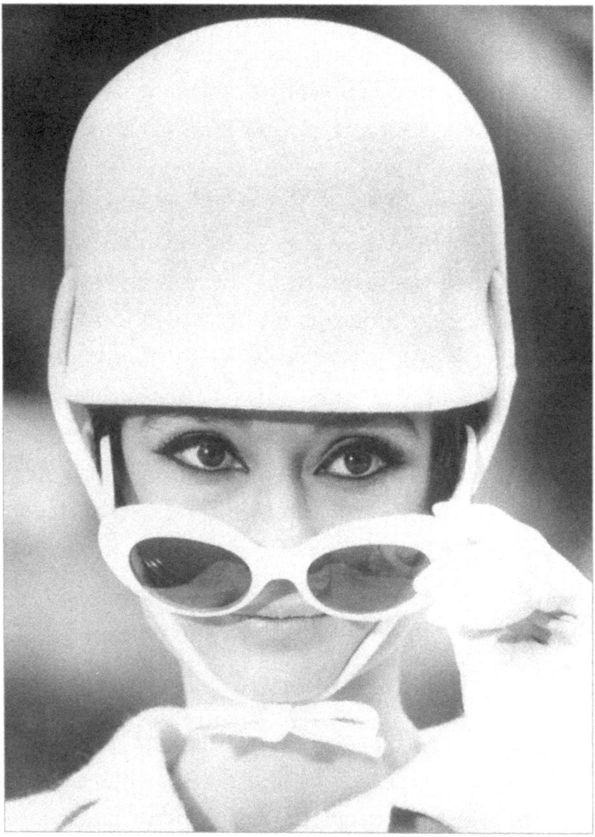

Schaulaufen für Givenchys Kreationen –
How to Steal a Million, 1966

Roman Holiday entdeckt hatte und nun selbst am Ende seiner Karriere stand. *How to Steal a Million* war auch der vorletzte Film, bei dem Givenchy ihre Garderobe entwarf: Es ist eine weitere Paris-Geschichte, deren Handlung um das attraktive Protagonistenpaar Audrey Hepburn und Peter O'Toole kaum relevant ist.

Eher scheint dieser Film noch einmal fast ein Schaulaufen für Givenchys Kreationen zu sein, so viele unterschiedliche Kostüme trägt Hepburn. Der helmartige Hut mit unter dem Kinn geknoteten Band und dazu die weiße Sonnenbrille sind vielleicht die auffälligsten Accessoires, die Hepburns Figur als exzentrisch und unberechenbar charakterisieren. In Kombination mit einem gerade geschnittenen, cremefarbenen Dreiteiler, dessen gegürtetes Oberteil über dem Rock endet, sind sie aber schon wieder sehr Givenchy. In einem ähnlichen Kostüm hatte der Fotograf Bert Stern Hepburn 1963 für eine Modestrecke in der *Vogue* aufgenommen, die zu jedem Entwurf einen Kommentar der Schauspielerin veröffentlichte: »Dieses Ensemble ist der reine Givenchy-Stil und entspricht der Kleidung, die ich tagsüber trage. Sein ganzes Können kommt darin zum Ausdruck«, stellte sie fest – und die Amerikanerinnen rissen sich um die Modelle.

In *How to Steal a Million* ist Hepburn von der Kindfrau zur erwachsenen Großstädterin gereift, ihre neue Kurzhaarfrisur mit Seitenscheitel und etwas toupiertem Hinterkopf und ihr dunkles Augen-Make-up charakterisieren sie als eine selbst- und stilbewusste Frau. Eine ganze Reihe von umwerfenden Deuxpièces mit Dreiviertelärmeln, von farbenfrohen Mänteln und vor allem immer wieder Hüten demonstriert noch einmal die kongeniale Beziehung zwischen dem Modeschöpfer und seiner Muse. *How to Steal a Million* wirkt wie ein fulminanter letzter Akt der professionellen Beziehung zwischen Audrey Hepburn und Hubert de Givenchy, auch wenn dieser, als eine Art Epilog zur gemeinsamen Arbeit, Audrey 1979 noch einmal in *Bloodline* ausstattete: Tüllschleier, Perlenstickereien und Spitzenstoffe verwendete der Meister, um die gealterte Haut seiner Muse nach traditionellem Schneider-Rezept zu kaschieren – keinem von beiden gereicht dieser Film zum Vorteil.

Privat blieben die beiden bis zu Audrey Hepburns Tod befreundet, 40 Jahre lang. Hepburns Sohn Sean berichtet, dass es Hubert de Givenchy war, der Audrey in seinem Privatjet von Los Angeles, wo sie sich einer Krebstherapie unterzogen hatte, nach Hause in die Schweiz bringen ließ, damit sie dort in Ruhe sterben konnte.

Hubert de Givenchy überlebte sie um ein Vierteljahrhundert. Er starb im März 2018 mit 91 Jahren.

Ich brauche viele Küsse – Audrey und die Männer

Unglückliche Liebesgeschichten charakterisierten Audrey Hepburns Leben – darüber sind sich ihre männlichen Biografen einig. Über 30 Jahre habe sich die Schauspielerin immer wieder mit den falschen Männern eingelassen – vom reichen Söhnchen bis zum alternden Bonvivant, vom verspielten großen Jungen bis zum strengen Übervater, vom professionellen Empathiker bis zum traurigen Intellektuellen –, um schließlich mit einem Mann glücklich zu werden, der offenbar wenig glamourös, aber dafür freundlich und verständnisvoll war.

Vielleicht aber hat Audrey Hepburn auch einfach Erfahrungen mit Männern gemacht, wie das heute jede Frau tut. Auch wenn in ihrer Generation viele noch nicht den Mut und die Mittel hatten, ein bisschen herumzuprobieren, und es deshalb oft mit ignoranten Ehemännern aushielten, so war das bei ihren Töchtern ganz anders: Sie waren wie Audrey berufstätig und finanziell unabhängiger, sie mussten sich nicht vor ungewollten Schwangerschaften fürchten oder sich um die gesellschaftlichen Konventionen scheren, die sich mit der Studentenrevolte 1968 drastisch geändert hatten. Liebesglück bedeutet nicht in jeder Lebensphase das Gleiche, und eine Beziehung zu beenden nicht automatisch Unglück. Nicht nur als Stilikone, sondern auch als Rollenmodell war Hepburn ihrer Zeit voraus.

Vergleichsweise erfolgreich war sie darin, ihr privates und ihr öffentliches Leben zu trennen – das lag einerseits an ihrer Autorität und Diskretion, andererseits war die Prominentenberichterstattung in ihrer großen Zeit, den 1950er- und 1960er-Jahren, selbst zurückhaltender als heute. »Sie wollte, dass man ihre Privatsphäre respektierte«, schreibt ihr Sohn Sean Ferrer, »sobald sie konnte, verließ sie das Rampenlicht Hollywoods und zog in die Schweiz, wo sie ein einfacheres Leben genießen konnte und wie alle anderen behandelt wurde.« Dennoch: Sowie Audrey Mitte der 1950er-Jahre zum Star avanciert war, wurde sie immer wieder nach ihrem Liebesleben gefragt und gab dazu spröde, minimalistische Auskünfte. Aber es existieren Fotos, und Kollegen, Freunde und nicht zuletzt ihre Liebhaber selbst waren weniger diskret als sie. Und so weiß man von einigen illustren und weniger illustren Männern, mit denen Audrey Affären hatte, ohne deswegen gleich ihr Leben mit ihnen verbringen zu wollen: Männer, die zu einem bestimmten Zeitpunkt zu ihrem Leben passten und sie vielleicht einfach deshalb glücklich machten – und manchmal eben auch nicht.

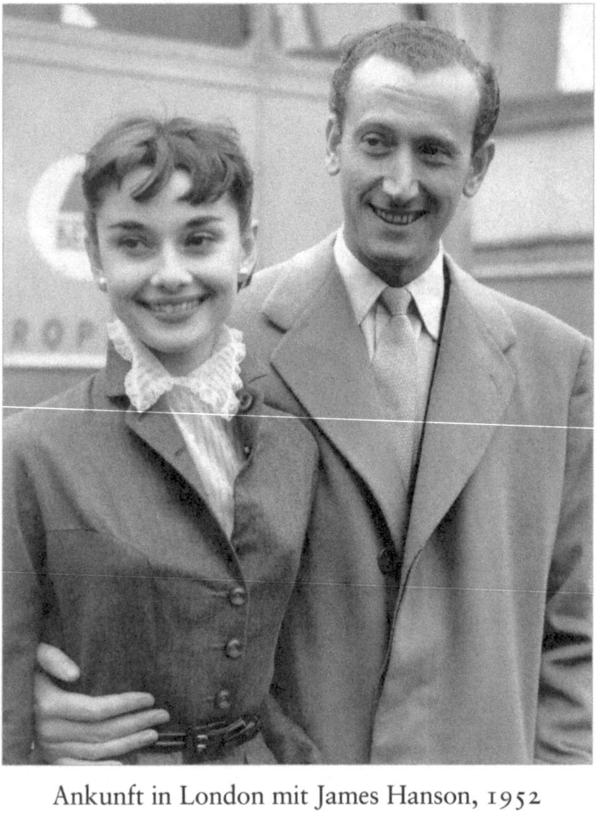

Ankunft in London mit James Hanson, 1952

Wahrscheinlich war die erste ernsthafte Männerbeziehung in Audreys Leben die zum fünf Jahre älteren James Hanson, einem reichen britischen Unternehmersohn, den sie 1951 auf einer Party in London traf, wo sie damals lebte. Dessen Familie hatte ein Vermögen mit Ferntransporten und Öl gemacht; und James Hanson war zu Beginn der 1950er-Jahre dabei, als sogenannter Playboy erhebliche Beträge zu verjubeln. Der Zutritt zu allen wichtigen Londoner Partys war ihm damit garantiert; und natürlich gefiel es ihm, sich mit Schauspielerinnen zu schmücken; er hatte bereits der britischen Darstellerin Jean Simmons den Hof gemacht. Mit Audrey Hepburn verlobte er sich im Dezember 1951, nachdem die beiden sich ein dreiviertel Jahr kannten.

Ein Pressefoto von 1952 zeigt einen großen, hageren Mann, der mit glatt zurückgebürstetem Haar, zurückhaltend eleganter Kleidung und schiefem Lächeln sehr britisch wirkt. Eine Hand hat er fest um Audreys Taille gelegt, die auf diesem Bild seltsam unsicher und, mit hohem Rüschenkragen unter einem schlecht sitzenden Mantelkleid, vergleichsweise unelegant aussieht. Man denkt an eine Win-win-Situation: der gelangweilte Millionärsspross, der vor der Kälte der materiellen Welt in die kulturelle Sphäre flieht, und die von zu vielen Anforderungen gestresste Nachwuchsschauspielerin, die sich nach einem Leben in gesicherten Verhältnissen gesehnt haben mag, aber sehr schnell begriff, dass sie etwas anderes wollte.

Die Hochzeit sollte im September 1952 stattfinden – Audrey reiste jetzt zwischen Europa und den USA hin und her, weil sie auf beiden Kontinenten beruflich engagiert und gerade dabei war, zum Star zu werden, während James Hanson hauptsächlich in Kanada zu tun hatte. Die beiden sahen sich selten, und als es zu einem Konflikt zwischen Audreys Karriere und der geplanten Hochzeit kam, löste sie kurzerhand die Verlobung, offenbar ohne große Schmerzen. Glücklich hätte sie mit ihm sowieso nicht werden können: James Hanson brachte es, nachdem er sein Playboydasein der Unternehmerräson geopfert hatte, in den 1980er-Jahren durch skrupellose Firmenaufkäufe und -zerschlagungen zu einiger Berühmtheit als archetypischer Protagonist der Thatcher-Ära – »Lord of the Raiders«, Plünderlord, nannte ihn die britische Presse.

William Holden

Golden Boy heißt der Film, mit dem William Holden mit 21 Jahren bekannt wurde, und ein bisschen von diesem Image sollte ihm sein ganzes Leben lang anhaften, *Golden Holden* nannte man ihn

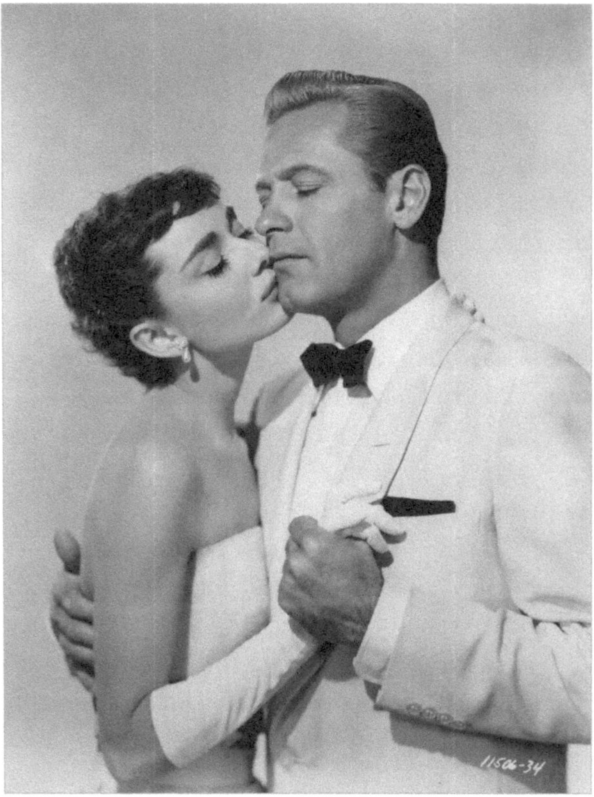

Mit William Holden 1954 in *Sabrina*

auch. Als Audrey ihn traf, war er einer der meistgefragten männlichen Darsteller in Hollywood. 1950 hatte er es unter der Regie von Billy Wilder in *Sunset Boulevard* zu Starruhm gebracht: Seine subtile Verkörperung des bezahlten Liebhabers einer alten Schauspielerin zeigte sein Talent. Holden wirkte männlich, kräftig, vital; er soll humorvoll und charmant gewesen sein, und er führte mit seiner Frau Brenda Marshall eine offene Ehe.

Man kann sich vorstellen, wie Audrey und William Holden sich bei den Dreharbeiten amüsiert haben, weil die Handlung des Films ihre Realität teils widerspiegelte, teils konterkarierte: *Sabrina* ist eine Dreiecksgeschichte – zwei Brüder aus reichem Haus, gespielt von Humphrey Bogart und William Holden, werben um die Chauffeurstochter. »Bogey kriegt das Mädchen, Holden kriegt den Sportwagen«, lautete Billy Wilders lapidare Zusammenfassung des Films. Zusätzlich mögen die schlechte Laune Humphrey Bogarts, dessen Karriere sich ihrem Ende zuneigte, und das gute Verhältnis zwischen William Holden und Billy Wilder, die bereits zusammen gedreht hatten, das Techtelmechtel befeuert haben.

Man kann sich auch vorstellen, wie der erfolgreiche, großzügige Hollywood-Veteran Holden die elf Jahre jüngere Hepburn, die immer noch am Anfang ihrer Karriere stand, durch seine Erfahrung und Sicherheit faszinierte. Dass die frische, bewegliche, unprätentiöse junge Frau, die noch dazu freundlich und höflich war und mit seinem Alkoholproblem zurechtkam, ihn anzog, ist selbstverständlich. Auf unzähligen Fotos, die während der Dreharbeiten zu *Sabrina* entstanden sind, strahlen Audrey und William einander an, entspannt und glücklich. Vollkommen aufeinander bezogen, scheinen sie fast euphorisch. Und New York mit seinem herbstlichen Zauber mag die perfekte Umgebung für eine Affäre gewesen sein, die für beide unvergesslich bleiben sollte, auch wenn sie abrupt endete: William Holden wollte Audrey heiraten, und sie wollte Kinder. Das war mit Holden, der sich, nachdem er zweimal Vater geworden war, einer Vasektomie unterzogen hatte, nicht möglich. Wenig später heiratete Audrey Mel Ferrer und Holden tröstete sich mit Grace Kelly. Als die beiden fast ein Jahrzehnt später in *Paris – When It Sizzles* noch einmal zusammen vor der Kamera standen, gab es keine Zweitauflage; die Verhältnisse hatten sich geändert.

Mel Ferrer – Ehemann 1954–1968

Mel Ferrer mit seinen feinen Gesichtszügen, großen Augen und seiner für das damalige Hollywood etwas exotischen Attraktivität entstammte einer wohlhabenden Ostküstenfamilie. 1917 als Sohn eines kubanisch-stämmigen Vaters und einer nordamerikanischen Mutter geboren, hatte er schon ein Studium an der Elite-Universität Princeton abgeschlossen, eine ganze Reihe von Berufen in der Unterhaltungsbranche ausgeübt und war, als er Audrey im Sommer 1953 – noch vor ihrer Affäre mit Holden – in London bei einer Party zur britischen Premiere von *Roman Holiday* kennenlernte, bereits zum dritten Mal verheiratet. Audrey befand sich in den Vorbereitungen zu ihrem Film *Sabrina*, den die Paramount als nächstes mit ihr drehen wollte, erst recht, nachdem die amerikanischen Kritiken zu *Roman Holiday*, der dort erst im August anlief, überschwänglich waren.

Mel Ferrer war ebenfalls gerade als Schauspieler erfolgreich: Im Jahrmarktsdrama *Lili* verkörperte er an der Seite der Französin Leslie Caron einen verbitterten Handpuppenspieler, der nur über seine Figuren kommuniziert. Mel Ferrer hatte jedoch höhere Ambitionen; er wollte Regie führen und Theater spielen, am liebsten beides, und zwar mit Audrey, zu deren ständigem Begleiter bei gesellschaftlichen Anlässen er schnell wurde. Nach Heiratsplänen befragt, reagierte Audrey kühl: »Momentan ist das nicht drin«, zitiert Hepburns Biograf Donald Spoto die britische Filmzeitschrift *Picturegoer* vom Oktober 1953.

Die Dreharbeiten zu *Sabrina* fanden von Ende September bis Anfang Dezember 1953 in New York statt, und Audrey verliebte sich erst einmal in William Holden. Wieder zurück in London, »tauchte plötzlich Mel Ferrer auf, in der einen Hand seine Scheidungsurkunde und in der anderen ein Theaterstück«, beschreibt Spoto etwas ironisch den womöglich trostreichen Auftritt. Glück gehabt, denkt man eher im Hinblick auf Ferrer, und auch er selbst mag es so empfunden haben, denn von jetzt an nahm er sich mit großem Einsatz ihrer beider Karrieren an.

Anfang 1954 begannen sie unter der Regie der Schauspiellegende Alfred Lunt mit den Proben zum Theaterstück *Ondine.* Das französische Drama handelt von einer Wassernymphe, die an Land geht und sich in einen Ritter verliebt; Audrey und Mel spielten die Hauptrollen, und da fingen die Schwierigkeiten schon an. Mel Ferrer war sozusagen der Beifang; die Produzenten bekamen Audrey nicht ohne ihn. Fotos von der Inszenierung zeigen erstaunlicherweise eine fast nackte, praktisch nur mit einem Fischernetz bekleidete, grotesk geschminkte und dabei ein wenig ordinär wirkende Audrey. Man denkt, dass zumindest diese Zusammenarbeit des frischgebackenen Ehepaars Audreys Typ nicht gerecht wurde; dennoch oder, wer weiß, vielleicht gerade deshalb war die Kritik von ihrem Auftritt begeistert, weniger von dem ihres Mannes. Sie gewann sogar einen Theaterpreis, den Tony, für die beste Darstellung einer Schauspielerin in einem Broadwaystück, gleich nach dem Oscar. Audrey und Mel heirateten im September 1954. Im Frühjahr 1955 erlitt sie eine Fehlgeburt.

Das nächste gemeinsame Projekt war der Monumentalfilm *War and Peace*, bei dem Mel Ferrer für eine Hauptrolle vorgesehen war; Audrey wollte nicht unbedingt arbeiten. Die Produzenten hofften jedoch, dass sie zusammen mit Ferrer auch Audrey bekämen, auf deren Entscheidungen Mel großen Einfluss hatte; »erstaunlich oft zog er dadurch auch einen Vorteil für sich selbst heraus. Es mag ihm nie aufgefallen sein, dass ihrer beider Ambitionen letztlich unvereinbar waren«, schreibt Donald Spoto. Dass Audrey schließlich die Rolle der Natascha übernahm, hatte sicher auch damit zu tun, dass sie fast immer den größten Teil des Familieneinkommens heranschaffte: Ihre Gage für *War and Peace* war mehr als dreimal so hoch wie Mel Ferrers. Zwei Jahre später sollten sie zum letzten Mal gemeinsam vor der Kamera stehen – im Historiendrama *Mayerling* um den österreichischen Thronfolger und seine Geliebte. Beide Filme fielen beim Publikum und der Kritik durch. Die Ehepartner, die jeder für sich auf der Leinwand beträchtlichen Charme entwickelten, konnten das zusammen nicht, was gelegentlich als Indiz für den Zustand der Ehe interpretiert wurde. »Wenn Audrey Maria spielt und mit dem Prinzen spricht, ist sie auch Audrey, die mit ihrem Mann spricht«, soll der Regisseur Anatole Litvak geklagt haben.

Danach trennten sich die beruflichen Wege des Ehepaars zunächst, Audrey arbeitete in Europa und Afrika, Mel in Europa und den USA, sie sahen sich nur sporadisch. 1958 spielte Audrey endlich unter Mels Regie, wie er sich das gewünscht hatte. *Green Mansions* ist ein Dschungeldrama, in dem Audrey eine Art esoterischen weiblichen Tarzan spielt, ähnlich wie die Meerjungfrau Undine flirrend, unerreichbar – und sehr leicht bekleidet. Man fragt sich, was Mel Ferrer in seiner Frau sah, und warum er sie, die doch in fast jedem Kostüm unnachahmlich elegant wirkte, unbedingt in welchen zeigen wollte, die ihr nicht standen. Der größte Teil der Dreharbeiten fand im Studio statt, wo eine Dschungelkulisse nachgebaut worden war. Echt war allerdings das Rehkitz, das während des Drehs mit Audrey lebte, damit es ihr auch auf dem Set nicht von der Seite wich. Das gab schöne Publicity-Fotos, die den Misserfolg des Films allerdings nicht verhindern konnten.

Das nächste gemeinsame Projekt des Paars konnte jetzt nur noch ein Kind sein, und tatsächlich kam nach einer weiteren Fehlgeburt im Juli 1960 Sean Hepburn Ferrer zur Welt. In dem Erinnerungsbuch an seine Mutter hat er Fotos seiner Eltern aus den 1950er- und 1960er-Jahren veröffentlicht – sie sind ein schönes, strahlendes Paar von zurückhaltender Eleganz, weniger glamourös als ernsthaft. Und mit dem kleinen Sean repräsentieren sie eine glückliche

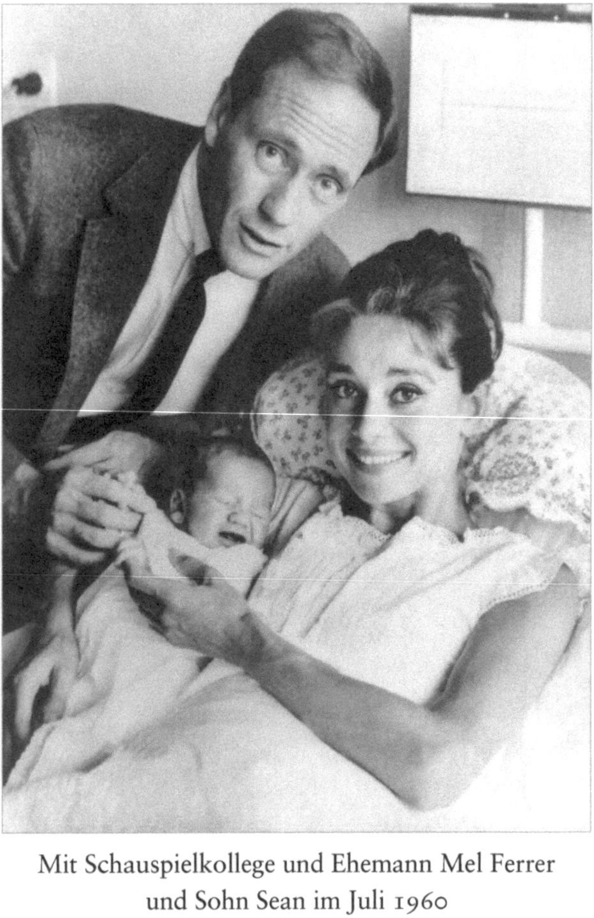

Mit Schauspielkollege und Ehemann Mel Ferrer
und Sohn Sean im Juli 1960

Familie der 1960er-Jahre; die Schnappschüsse von Kindergeburtstagen, Zirkusbesuchen und Kostümfesten unterscheiden sich kaum von denen weniger berühmter Zeitgenossen. »Wir waren überhaupt keine ›Showbiz-Familie‹«, schreibt Sean Hepburn Ferrer, »ich wuchs nicht mit Filmemachern auf, spielte nicht mit ihren Kindern und ging nicht mit ihren Kindern zur Schule.«

Auch in einem weiteren Aspekt scheint sich das Ehepaar Hepburn-Ferrer nicht wesentlich von anderen Paaren der 1960er-Jahre unterschieden zu haben: Mel fühlte sich bemüßigt, Rollenangebote, öffentliche Auftritte, Honorare, Gagen und selbst den Kontakt mit ihrem PR-Manager für sie zu regeln. Ausführlich berichtet der Agent Henry Rogers in seinen Memoiren über die schwierigen Verhandlungen mit Audrey und Mel, manchmal auch nur mit Mel, obwohl es um ihre Belange ging. Da in der westlichen Welt Männer bis in die 1970er-Jahre hinein gesetzlich dazu ermächtigt waren, die beruflichen Entscheidungen ihrer Frauen zu sanktionieren, muss Mels permanente Bevormundung nicht der Grund für die Zerrüttung der Ehe gewesen sein. Audrey war in den frühen 1960er-Jahren auf dem Höhepunkt ihrer Karriere, während Mel Ferrer, der ohnehin nie auch nur annähernd so populär gewesen war wie sie, seinen bereits überschritten hatte – die damit verbundene Ökonomie mag sich auf die Machtbalance innerhalb der Beziehung ebenfalls ausgewirkt haben. Aber dafür reiste Mel mit zu Audreys Filmsets, er spielte gelegentlich Statistenrollen in ihren Filmen; er mischte sich in die Dreharbeiten ein; und er überwachte sogar den Filmschnitt. Dass sich Audrey trotz seiner relativ umfassenden Kontrolle Affären mit dem Drehbuchautor Robert Anderson und dem Schauspieler Albert Finney leistete, spricht für ihr Bedürfnis nach Ausbruch aus diesem Regiment. Dass sie während der Zeit einige körperliche Zusammenbrüche hatte, spricht für den Druck, unter dem sie stand.

1967 zog Mel Ferrer aus dem gemeinsamen Haus *La Paisible* in Tolochenaz in der Schweiz aus, und Audrey widmete sich der Erziehung Seans: »Sie übernahm keine Filmrollen mehr, als ich zur Schule gehen musste und nicht mehr zu den Drehorten reisen konnte, um sie zu besuchen.«

Andrea Dotti – Ehemann 1969–1982

Im Herbst 1968, mit 39 Jahren, war Audrey Hepburn nach fast 14 Jahren Ehe mit Mel Ferrer offiziell wieder ledig. Ihre letzten Dreharbeiten lagen zwei Jahre zurück, ihr Sohn Sean war acht Jahre alt, sie verfügte über Hauspersonal, und sie war es nicht gewohnt, ohne einen Mann zu leben. Sie fuhr häufiger nach Rom, um Freunde zu besuchen, und

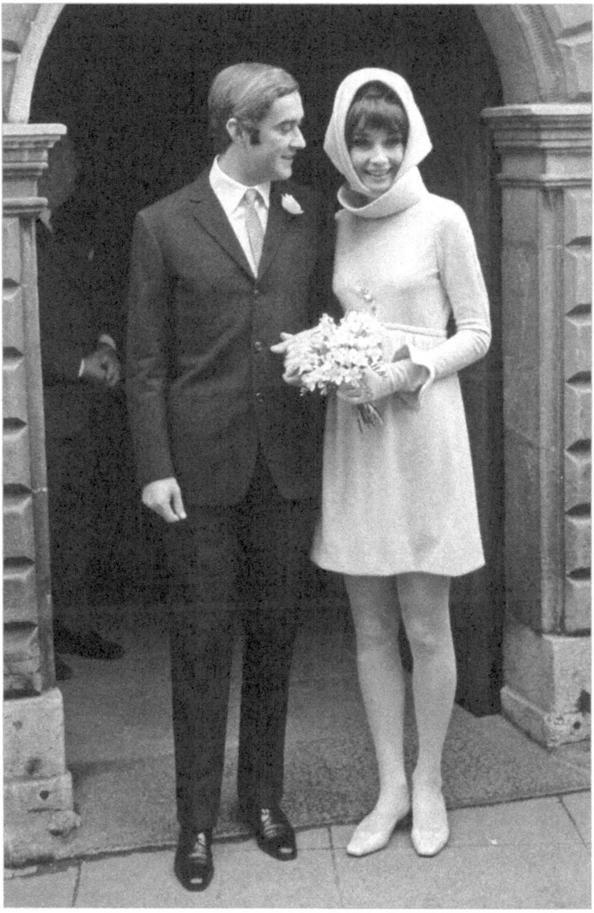

Hochzeit mit Andrea Dotti, 1969 in Morges/Schweiz

lernte durch sie den Psychiatrie-Professor Andrea Dotti kennen, der an der römischen Universität lehrte. Was für eine reizvolle Mischung: Dotti stammte aus wohlhabenden Verhältnissen; er lebte in Rom, der Stadt, die sie bei den Dreharbeiten zu *Roman Holiday* kennen- und lieben gelernt hatte; er war gebildet und er war neun Jahre jünger als sie. Nach all den Vaterfiguren, die sie in ihrem Beruf und in ihrem Privatleben umgeben hatten, war es womöglich gerade sein Alter, das ihn unwiderstehlich machte.

Andrea Dotti und Audrey heirateten bereits im Januar 1969, anscheinend hatten sie es eilig, ihre Beziehung offiziell zu dokumentieren. Audrey vielleicht, weil sie immer noch hoffte, ein weiteres Kind zu bekommen, während Andrea sich in ihrem Abglanz sonnte: Plötzlich ging das Paar durch die internationale Presse, und dafür sorgte vor allem Andrea.

Als sie schwanger wurde, zog Audrey sich wieder in die Schweiz zurück, weil sie Angst vor Komplikationen hatte, 1970 kam dort ihr zweiter Sohn Luca zur Welt. Die Familie lebte abwechselnd in Rom und in der Schweiz; beide Söhne beschreiben Andrea Dotti als liebevollen Vater, der zwischen dem Stief- und dem eigenen Kind keinen Unterschied machte. Sean Ferrer schreibt, dass die vier »eine wirklich glückliche Familie« waren. Aber er hat auch einen Blick für die Schwierigkeiten:

»Meine Mutter liebte ihre Ehemänner voll und ganz, und sie klammerte sich an ihre Ehen, solange sie konnte. Aber sie verschaffte sich kein Gehör, wenn es notwendig war, und sie zog keine vernünftigen Grenzen.«

Audrey konzentrierte sich in dieser Lebensphase auf ihre Familie. Drehbücher, die ihr Agent ihr zuschickte, lehnte sie ab. Sie habe bis zu ihrer Ehe mit Dotti ununterbrochen gearbeitet und sei froh, es einmal nicht zu müssen, behauptete sie, wenn Journalisten sie nach ihrer Karriere fragten. Auf den Fotos aus der Zeit mit Dotti fällt auf, dass die beiden sich wenig aufeinander beziehen; sie schauen in verschiedene Richtungen, sie berühren einander nicht; oft scheint sie Mühe zu haben, mit ihm Schritt zu halten. Im Verlauf der ersten Ehejahre wurde Dotti rundlicher, Audrey dagegen immer dünner.

1975 nahm sie die Arbeit wieder auf, um an *Robin and Marian* mitzuwirken, einer Art Fortschreibung des Robin-Hood-Mythos mit Helden im mittleren Lebensalter. Ihre Gage betrug eine Million Dollar. Man kann sich vorstellen, dass sie die gebrauchen konnte, um den sehr aufwendigen Lebensstil ihrer Familie finanzieren zu können. Außerdem habe ihr Mann sie ermutigt, mitzuspielen, wie sie einem Reporter der *Houston Post* erklärte.

In der Ehe jedoch kriselte es schon, obwohl Audrey noch daran festhielt. Dotti hatte immer

Affären gehabt, aber nun wurden sie öffentlich. Die beiden trennten sich 1978, blieben aber der Söhne wegen befreundet. Andrea Dotti etablierte sich später als Spezialist für Essstörungen. »Eating Behaviour of Ballet Dancers« heißt eine Studie, die er 2002 publizierte, möglicherweise auch in der Erinnerung an seine geschiedene Frau, die, wie sie es in ihrer Ballettausbildung gelernt hatte, in Krisen wenig aß und sehr viel rauchte.

Ben Gazzara

Nach der Trennung von Dotti ging es Audrey schlecht. Weil sie dazu neigte, sich selbst die Schuld am Scheitern der Ehe zu geben, hatte sie Depressionen. Vielleicht deshalb, und weil ihr alter Freund Terence Young Regie führen sollte, übernahm sie eine Rolle in *Bloodline.* Das Drehbuch basierte auf einem Kriminalroman von Sidney Sheldon, einem Bestsellerautor der 1970er-Jahre. Engagiert waren lauter Stars, die allerdings ihre beste Zeit hinter sich hatten – neben Audrey Hepburn etwa Romy Schneider, James Mason, Omar Sharif, Irene Papas und Maurice Ronet.

Ben Gazzara, der ebenfalls eine der Hauptrollen spielte, war ein durch Fernsehserien bekannter, seit den 1970er-Jahren viel beschäftigter Darsteller der zweiten Garde, spezialisiert auf charismatische, aber zwielichtige Figuren. Der Amerikaner mit sizilianischen Wurzeln wirkt auf konventionelle Weise männlich, über den Effekt seines mokanten Lächelns mit breitem Mund war er sich zweifellos im Klaren. In seiner Autobiografie beschreibt Gazzara die Begegnung mit der traurigen Audrey, und wie sie sich auf eine Affäre mit ihm einließ, aber: »Ende der Dreharbeiten, Ende der Romanze«, sei immer seine Maxime gewesen. Audrey hingegen soll sich daran festgeklammert haben, und auch wenn das naturgemäß selbstgefällige Genre der Autobiografie zur retrospektiven Selbstüberschätzung verleitet, mag ein Körnchen Wahrheit daran gewesen sein.

Sie war 50 Jahre alt, und ihre Karriere war zu Ende – der schwerfällig erzählte Film wurde ein Flop und tat keinem der Beteiligten gut. Zu keiner Zeit auch sah Audrey schlechter aus – beängstigend dünn, mit einer gewellten Kurzhaarfrisur und Sonnenbrillen, die das halbe Gesicht verdecken, mit grotesken Häkelpullundern, Jeans und karierten Blazern scheint sie auf Geschmack und Eleganz vorübergehend verzichtet zu haben.

»Das Altern macht mir keine Sorgen, Einsamkeit jedoch sehr wohl«, erklärte sie damals gegenüber dem britischen Filmmagazin *Photoplay*. Als Audrey und Gazzara zwei Jahre später mit *They All Laughed* noch einmal einen schlechten Film zusammen drehten, der zudem auf ihrer realen

Affäre basierte, hatte sie bereits Robert Wolders kennengelernt, mit dem sie den Rest ihres Lebens verbringen sollte.

Robert Wolders

Die Karriere des niederländischen Fernsehschauspielers Robert Wolders dauerte zehn Jahre, von 1965 bis 1975. Dann heiratete der damals knapp 40-Jährige den ehemaligen britischen Leinwandstar Merle Oberon. Ein Vierteljahrhundert älter als Wolders, hatte Oberon ihre große Zeit in den Dreißigern gehabt, etwa an der Seite von Laurence Olivier in *Wuthering Heights*. Wolders war ihr vierter Ehemann, mit dem sie bis zu ihrem Tod verheiratet blieb.

Das war 1979, und in diesem Jahr traf Audrey ihn bei einer Abendgesellschaft. Er trauerte um Merle Oberon, Audrey war mit ihren Scheidungsverhandlungen beschäftigt. Es mag beiden wohlgetan haben, dass sie sich in ihrer Muttersprache unterhalten konnten. Und so zog Rob Wolders sehr bald in die Schweiz, um zusammen mit Audrey »den beschaulichen Stil feiner Pensionisten vom Lande« zu pflegen, wie Donald Spoto schrieb. Es scheint ein friedliches, vernünftiges, abgeklärtes Zusammenleben gewesen zu sein, das nicht mehr von Dreharbeiten unterbrochen wurde. Audrey konnte zu Hause sein und sich ausruhen; sie konnte sich körperlich und psychisch erholen, da sie offenbar wenig Angst hatte, Robert Wolders zu verlieren. Und doch: Ganz scheint ihr das bequeme Leben an der Seite eines freundlichen, verständnisvollen, reifen Mannes nicht gereicht zu haben. Sonst wäre sie in den letzten fünf Jahren ihres Lebens nicht für UNICEF um die Welt gereist.

Rollenbilder – Role model

Es ist vielleicht nur eine Handvoll Filme, die als Audrey-Hepburn-Klassiker gelten können und ins kollektive Gedächtnis eingegangen sind, hauptsächlich Produktionen der Fünfzigerjahre. Eigentlich passte Audrey Hepburn nicht zu einer Dekade, in der die USA die Herrschaft über die westliche Welt übernahmen und den American Way of Life zum einzigen gültigen erklärten, in der die westeuropäischen Länder unter dem Protektorat der Alliierten Wiederaufbau leisteten und stolz darauf waren, in der man sich nach Ruhe, Wohlstand und Frieden sehnte und es zu Hause vor allem gemütlich haben wollte, in der schließlich das Geschlechterverhältnis wieder ins patriarchale Lot kam.

Und dennoch wurde sie praktisch über Nacht zum Star, vielleicht gerade weil sie völlig anders war als ihre vielen großen Kolleginnen im letzten Jahrzehnt des alten Hollywood. Die waren unterschiedlich genug, und immer noch stehen etwa Elizabeth Taylor, Marilyn Monroe, Grace Kelly, Sophia Loren und eben auch Audrey Hepburn auf Top-Ten-Listen der schönsten Schauspielerinnen der Fünfzigerjahre oder gleich aller Zeiten. Aber

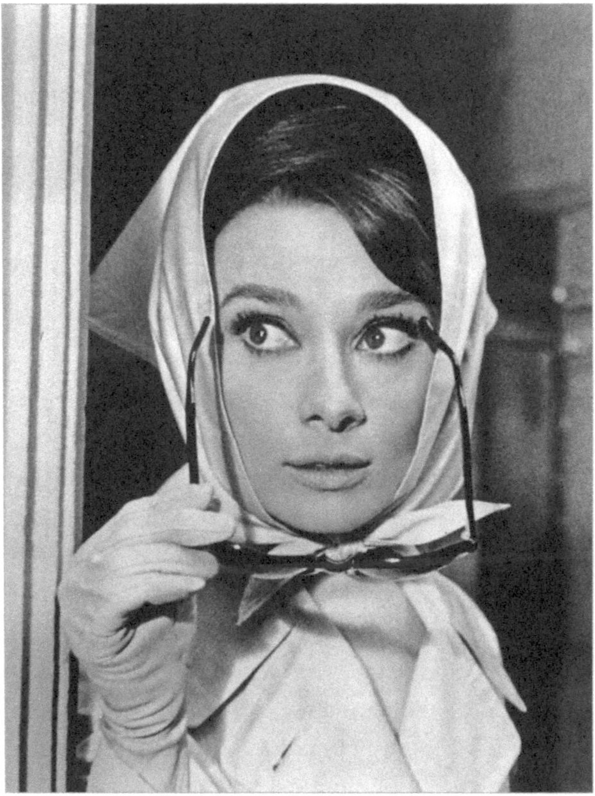

Flirrende Figuren unbestimmter Identität –
Charade, 1963

während die Diven Taylor und Loren und erst recht die zur Superblondine stilisierte Monroe nicht sehr raffinierten Sex verhießen und die kühl-damenhafte Grace Kelly unnahbar schien, stand Audrey weder für das Eine noch das Andere. Sie spielt flirrende Figuren unbestimmter Identität, und dennoch sind es immer wieder die gleichen Motive, die ihre Rollen charakterisieren.

Das erste Mal: Roman Holiday

Roman Holiday spielt im Rom der frühen Fünfziger, und mit den entsprechenden Attributen der nach dem Zweiten Weltkrieg neu entdeckten Italianità wie Vespa, Eiscreme, karierte Tischtücher in der Osteria wird nicht gespart; Spanische Treppe, Bocca della Verità und Trevi-Brunnen vermitteln das touristische Rom-Gefühl. Und Audreys durchgeknöpfte weiße Bluse, das gestreifte Halstuch und der wadenlange, eng gegürtete Faltenrock zu Gladiatorensandalen entsprachen nicht nur dem zeitgemäßen Sommer-Schick, sondern stilisierten sie sofort zur Symbolfigur des Dressing-Down.

Roman Holiday kehrt die Aschenputtel-Rolle, die Audrey danach in Variationen immer wieder spielen sollte, um: Die einem rigiden Regiment unterworfene Prinzessin aus einer fernen Monarchie entschlüpft ihren Beratern, die in Wirklichkeit

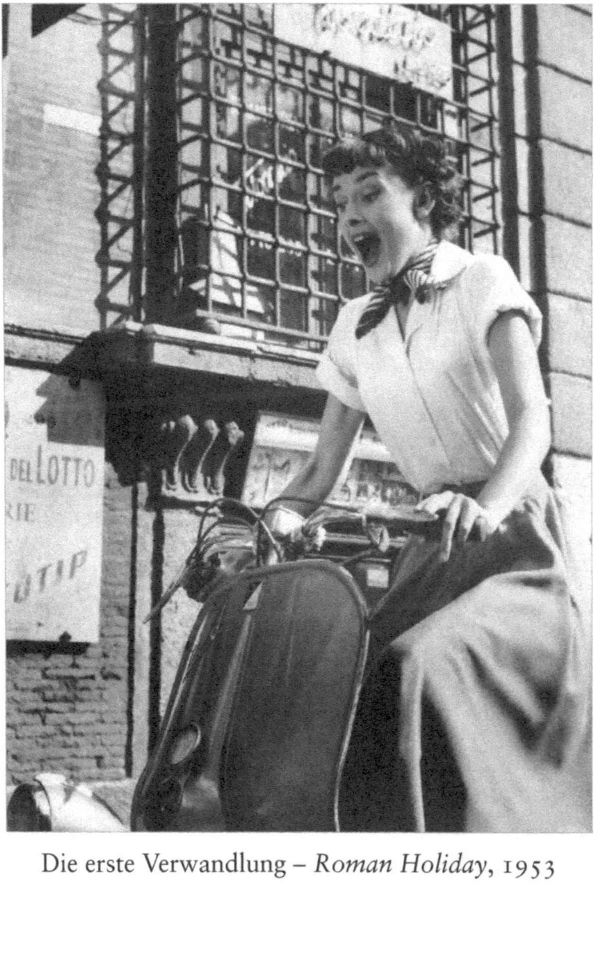

Die erste Verwandlung – *Roman Holiday*, 1953

Bewacher sind, und mischt sich für einen Tag unters Volk. Ein amerikanischer Reporter nimmt sich ihrer an und hilft ihr, sich zurechtzufinden, denn die Prinzessin hat keine Ahnung von der Realität draußen. Der Charme von Hepburns Darstellung liegt darin, dass sie Dinge wie Eis aus der Waffel schlecken, zum Friseur gehen oder eine Zigarette rauchen so tut, als ob es für sie tatsächlich das erste Mal wäre. Ihre Freude über den normalen Alltag bringt sie den ganzen Film über zum Strahlen. Und die Romanze mit dem Reporter ist ein Erweckungserlebnis, wie es in ihren Filmrollen noch häufiger vorkommen wird.

Bemerkenswert ist auch, dass Prinzessin Ann – unter dem doppelten Schutz ihres Status' und der zuvor eingenommenen Schlafmittel – gegenüber dem Reporter sehr offensiv auftreten kann. Willenlos lässt sie sich – man schreibt die frühen Fünfziger – von ihm in seine Wohnung schleppen, nachdem er sie schlafend auf einer Parkbank gefunden hat. »Helfen Sie mir, mich auszuziehen?«, fragt sie, als er ihr einen Pyjama überreicht, um dann kichernd festzustellen: »Ich war noch nie angezogen allein mit einem Mann und ganz bestimmt nicht ausgezogen ... äußerst ungewöhnlich.« Wie gut, dass der von Gregory Peck gespielte Reporter ein Gentleman ist und weit davon entfernt, einen Vorteil aus der Situation zu ziehen.

Verwandlung

Für das Motiv der Verwandlung von der steifen Prinzessin, die von ihrem Stab mit harscher Hand gestriegelt, gekleidet und bevormundet wird, in eine »ganz normale« junge Frau im Alltagsdress und dann wieder zurück, war Audrey so gut geeignet, weil sie in beiden Rollen natürlich und authentisch und eben nicht verkleidet wirkt; »cool« findet der italienische Friseur ihren Look, nachdem er ihr langes Haar rigoros abgeschnitten und ihr einen Kurzhaarschnitt verpasst hat – tatsächlich küren die Style Blogs Audrey zur Mutter aller Pixie-Cut-Trägerinnen von Mia Farrow bis Emma Watson. Pixie bedeutet im Englischen Fee, Elfe oder auch Kobold – mit all diesen Begriffen hat man auch Audrey Hepburn beschrieben. Das Vergnügen, das man bei den Rollenwechseln der Filmfiguren empfindet, lag und liegt sicher daran, dass Audrey eben immer unnachahmlich stylish und daher kenntlich ist – ein Emblem für Eleganz.

Das Thema wird sofort nach dem Erfolg von *Roman Holiday* wieder aufgegriffen. In *Sabrina* wird aus der unscheinbar-kindlichen Chauffeurstochter eine elegante Pariserin; allerdings sieht man hier nicht die einzelnen Stufen der Verwandlung; die ist bereits vollzogen, als Sabrina aus Paris, wo nur ein, zwei kurze Studioszenen spielen, in die USA zurückkehrt. Was dazwischen geschieht, erfährt

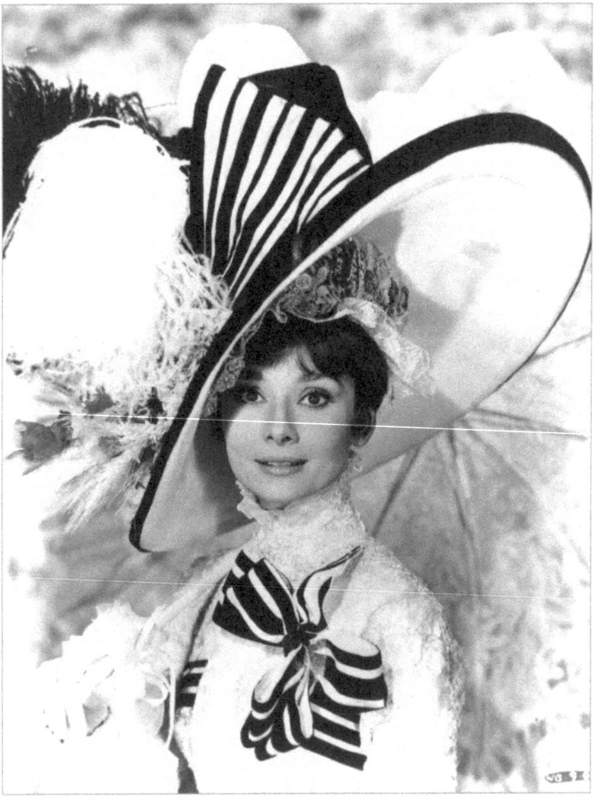

»I could have danced all night« –
My Fair Lady, 1964

man aus Briefen, die in der Dienstbotenküche der reichen Familie vorgelesen werden: Sabrina hat einen Baron kennengelernt, der sie nach gründlicher Schulung mit zu einem Ball nimmt, wo sie glänzend bestehen konnte. Sehen wird man eine solche Metamorphose und das entsprechende Ergebnis erst zehn Jahre später in *My Fair Lady*. Nachdem Professor Higgins seine Sprach- und der Colonel seine Stilerziehung abgeschlossen haben, wird Eliza mit Diadem und cremefarbenem Abendkleid für eine ungarische Prinzessin gehalten.

Die Veränderung der Buchhändlerin Jo in ein Model in *Funny Face* wird wiederum von einem ganzen Heer von Stylistinnen in Angriff genommen, die sich auf das angeblich graue Mäuschen stürzen und an ihren Haaren und Kleidern zerren, was die sich erfolgreich verbittet. »Eine Frau kann schön und intellektuell sein.« Der Fotograf hat längst erkannt, dass Jos natürliche Schönheit nur zum Strahlen gebracht werden muss, dass sie einen neuen Typ darstellt, der alles vorher Dagewesene, die Steifheit, die Posen, die Blasiertheit konterkariert.

Selbst in *The Nun's Story*, einer Nonnenbiografie, setzt der Regisseur Fred Zinnemann auf das 1959 bereits etablierte Audrey-Image. Auch wenn sie fast den ganzen Film über ein Nonnenhabit trägt, gibt es zwei Verwandlungsszenen: Einmal am Anfang, als die Heldin Schwester Lukas die Probezeit im

Kloster überstanden hat und zum endgültigen Eintritt ihr langes Haar opfern muss. Da sieht man die kräftigen Hände einer älteren Nonne, die mit einer großen Schere ihrer Haarpracht zuleibe rückt, deren Reste dann unter der eng das Gesicht umschließenden Haube verschwinden, während der Körper mit mehreren Gewandschichten drapiert wird. Und einmal am Ende: Da legt Schwester Lukas langsam Stück für Stück des Habits ab und zieht ihre Kleidung, mit der sie vor Jahren das Kloster betreten hatte, wieder an. Wenn sie ihren Hut auf dem wiedergewonnenen, allerdings noch ganz platt gedrückten Haar zurechtsetzt, denkt man, dass sie die Handgriffe noch beherrscht, derer es im zivilen Leben bedarf. Noch ist kein Schwan aus dem Entlein geworden, aber das Publikum weiß aus Audreys anderen Filmen, wie schnell das gehen kann.

Die ultimative, aus heutiger Sicht trashige Metamorphose erlebt Audrey dann als Eliza Doolittle in *My Fair Lady*. Der in jeder Hinsicht überladene Film feiert noch einmal das alte Hollywood und war 1964 hoffnungslos *démodé*. Da wird Eliza dem manischen, leidenschaftlichen Junggesellen und Sprachforscher Professor Higgins unterstellt und Audrey Hepburn dem manischen, egozentrischen Fotografen und Ausstatter Cecil Beaton, der sie in einem *Vogue*-Text zehn Jahre früher als das Vorbild von »abgezehrten, jungen Damen mit mondbleichem Gesicht, an deren Haaren scheinbar Ratten geknabbert haben« beschrieben hatte. Diese jungen Damen müssen Cecil Beaton vorgeschwebt haben, als er Audrey mit falschen Schmutzspuren auf den Wangen, mehreren Rocklagen, zerrissener Schürze und schwarzem Strohhut als Blumenmädchen zurechtmachte. Als sie bei Professor Higgins eintrifft, macht sich das weibliche Hauspersonal über sie her, zieht sie aus, steckt sie in die Badewanne und kleidet sie danach in eine brave Schulmädchenkluft. Ein weiteres Mal bemächtigen sich die Frauen des Körpers von Audrey, als ob sie so hofften, dass ein kleines Stückchen von deren Glanz auf sie überginge.

Dieses Mal wirkt Audrey tatsächlich verkleidet, auch nach der Verwandlung: Für ihren Auftritt in Ascot – Cecil Beaton gestaltete die Rennszene als Tableau mit in der Pose eingefrorenen Figuren in schwarzweißen Kostümen, die erst nach ein paar Sekunden anfangen sich zu bewegen – steckte Audrey ihrerseits in einem schwarzweißen Dragqueen-Outfit, das man ihr offenbar auf den zu diesem Zweck gepolsterten Leib genäht hat, und der wagenradgroße, mit Puscheln, Schleife und Blumen dekorierte Hut muss an der Seite ihres Kopfes mit einer Unzahl von Nadeln befestigt worden sein. Zwar verlangt das Musical geradezu nach Überzeichnung: Ausstattung, Kostüme, Tanz und Gesang sind stets ein bisschen zu bunt, zu schrill und zu laut; aber die distinguierte Audrey, obwohl sie sehr gut tanzen und ein bisschen singen konnte, wie sie in *Funny Face* bewiesen hatte, passte nicht zum schmetternden Überagieren der Bühnenbesetzung, die man auch für den Film engagierte. Noch dazu wurden ihre Gesangsnummern durch die Opernsängerin Marni Nixon nachvertont – der füllige Sopran klingt nicht nach der schmächtigen Audrey.

Verwandlung ist genau das, was Audrey Hepburn im realen Leben widerfahren ist: Aus dem schüchternen, dünnen, kränklichen niederländischen Teenager wurde ein Weltstar, eine Kreation von Regisseuren wie Billy Wilder und William Wyler, von Kostümdesignern wie Edith Head und Hubert de Givenchy, von Friseuren, Maskenbildnerinnen, einem ganzen Stab von Beratern und nicht zuletzt Kameramännern wie Charles Lang und Franz Planer, die beide sehr genau wussten, wie sie Audrey ins rechte Licht setzten. Und Audrey, die sich am Anfang ihrer Karriere ähnlich gefügig – und ähnlich ehrgeizig wie Eliza Doolittle Professor Higgins – dem strengen Regiment der Filmcrews ausgesetzt hatte, lernte mit der Zeit, wie sie selbst Einfluss nehmen konnte: »Sie entwickelte sich zu einer starken Frau mit eisernem Willen«, schrieb ihr Sohn Sean, »eine Stahlhand im Samthandschuh.«

Roman Holiday ist auch eine Geschichte vom Erwachsenwerden: Princess Ann und der Reporter sind den Geheimpolizisten der Monarchie, die hinter der flüchtigen Prinzessin her sind, durch einen Sprung von einem Tanzschiff in den Tiber entkommen und sitzen nun nass und bibbernd am Ufer. Dann küssen sie sich. In diesem Moment beschließt die Prinzessin zwar, die Verantwortung für ihr Amt zu übernehmen, aber auch für ihr Leben jenseits davon.

In *Funny Face* ist es der unverschämte Fotograf, der neben der Buchhändlerin auf einer Leiter steht, sie zu sich heranzieht und küsst, sodass sie durch ihr Strahlen erst zum Model werden kann: »How long has this been going on?«, singt Jo ein Solo und meint damit: Wie lange hat es gedauert zu begreifen, dass Küsse das Leben erst lebenswert machen?

Und in *My Fair Lady* singt Eliza Doolittle »I could have danced all night«, nachdem Professor Higgins mit ihr aus Freude darüber, dass sie ihre Probesätze endlich richtig ausspricht, ein paar Runden durchs Zimmer tanzt; allerdings hat er nicht das geringste erotische Interesse an ihr; viel eher scheint er sich für seinen Freund und Wohngenossen, den Colonel, zu interessieren.

Audreys Filmpartner waren vorwiegend Repräsentanten des alten Hollywood und 20 bis

30 Jahre älter als sie – so Humphrey Bogart in *Sabrina*, Fred Astaire in *Funny Face*, Gary Cooper in *Love in the Afternoon*, Cary Grant in *Charade* und Rex Harrison in *My Fair Lady*. Das in den Filmen behauptete erotische Interesse ihrerseits ist so unwahrscheinlich und die Herren in ihrem späten Begehren so indifferent und betulich, dass deren sexuelle Energie vielleicht gerade noch zum Erwecken und dann zum Beschützen reicht. Denn Audreys Figuren sind nicht sexy, sondern ein bisschen kindlich und verloren. Genau das war die Wirkung, die sie schon auf der Bühne hervorgerufen hatte, wie Bob Monkhouse, einer von Audreys West End-Kollegen, bei Donald Spoto berichtet: »Es war ein Eindruck, den sie vermittelte – ›Ich bin allein und wehrlos auf der Welt, und ich brauche dich, um mich zu retten.‹«

Erstaunlicherweise gelang es Audrey, trotz der Kindfrau-Konnotation aus dem Geschlechtsrollenbild der Fünfziger auszubrechen – vielleicht auch gerade deswegen. Wenn Jo in *Funny Face* dem erstaunten Fotografen erklärt, dass sie tanze, wann sie Lust habe, und nicht, wenn ein Mann sie auffordere, dann ist das nur ein Vorschein dessen, was sich ihre Figuren Männern gegenüber alles herausnehmen: »Wie rasieren Sie sich da drin?«, fragt Regina in *Charade* den von Cary Grant gespielten Peter Joshua und legt ihren Zeigefinger in die Kerbe an seinem Kinn. Und obwohl sie ihn bei der ersten

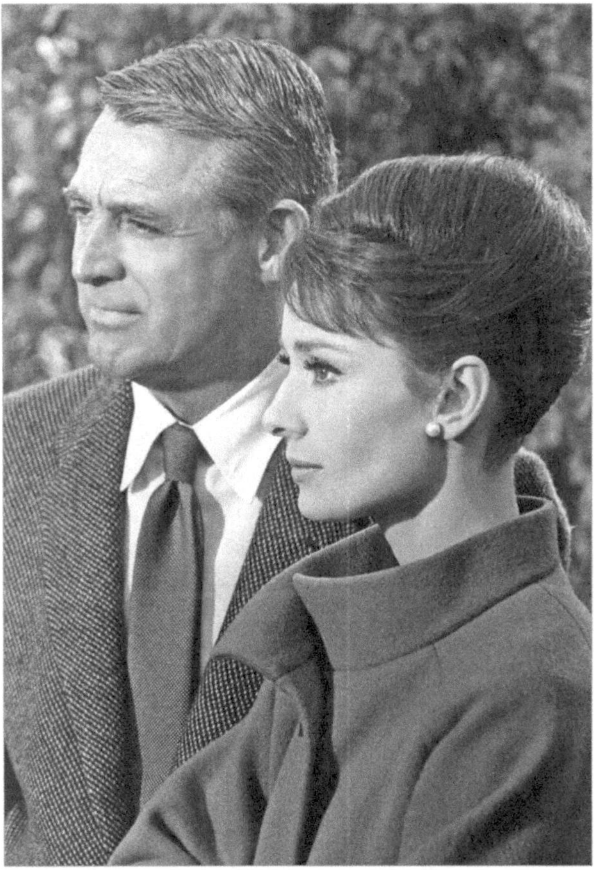

Mit Cary Grant 1963 in *Charade*

Begegnung brüsk abwimmelt, fragt sie ihn schon bald, ob er verheiratet sei, und küsst ihn später überfallartig.

Zähmung

In all diesen Filmen wird das Wilde gezähmt, die Unverschämtheit in die Schranken gewiesen, weicht die Spontaneität der Ratio, wird das Chaos reguliert. Warum diese kleinmütigen, sogenannten Happy Ends, könnte man sich fragen, nachdem die Attraktivität eben dieser an Audreys Figuren geknüpften Zustände jeweils fast über die gesamte Filmlänge gefeiert werden? Die Antwort liegt in der damals noch fast unangetasteten patriarchalen Ordnung der westlichen Welt. Nicht umsonst sind es im Fall von Audreys Figuren ausnahmslos alte weiße Männer, die nach kurzer Irritation quasi die Schultern straffen, sich gewaltig räuspern und dem Spuk ein Ende machen. Noch haben die Jungen keine Chance auf die Teilhabe an der Macht – in diesen Fällen über die von Audrey verkörperten Figuren: nicht der bärtige Pariser Philosoph in *Funny Face* oder der linkische Musiker in *Love in the Afternoon*, nicht der affektierte Schauspieler in *Paris – When It Sizzles* oder der reiche Bürgerssohn in *My Fair Lady* – die Filme charakterisieren sie als lächerlich, dümmlich, effeminiert oder wankelmütig. Da bedarf es schon der alten Garde Hollywoods, um Audrey zu zeigen, wie ordentliche Liebe geht: Humphrey Bogart spielte in den Dreißigern Gangster und später die wortkargen Zyniker des *Film noir*, Fred Astaire hatte als Musical-Star ebenfalls bereits in den Dreißigerjahren Erfolge gefeiert; Gary Cooper hatte seine ersten Auftritte als Westerner sogar noch im Stummfilm gehabt; Cary Grants ironische Gentleman-Helden waren wiederum seit den Dreißigern auf der Leinwand zu sehen; und Rex Harrison hatte bereits 1926 im Londoner West End reüssiert – ein Vierteljahrhundert vor Audrey.

Es ist interessant, dass man Audrey so häufig mit Filmhelden vergangener Dekaden kombiniert hat, deren Karrieren ihren Höhepunkt überschritten hatten. Noch einmal, so denkt man, durften sie als Garanten für eine Weltordnung auftreten, die allerdings spätestens in den frühen Sechzigerjahren bereits angezweifelt wurde, und der die Revolte von 1968 ein vorläufiges Ende setzte. Umgekehrt aber scheint es, als ob selbst Hollywood damals begriffen hätte, dass die Altstars allein – noch dazu gegen die Konkurrenz des Fernsehens – nicht mehr attraktiv genug waren, in Audreys Glanz aber noch einmal aufleuchten würden. Und so weit ging die Rechnung ja auch auf.

Wenig überraschend ist es, dass Audrey Hepburn als Lehrerin Karen in *The Children's Hour* zum heimlichen Liebesobjekt ihrer besten Freundin und Kollegin wird. Zwar hat eine böswillige Schülerin die beiden eines lesbischen Verhältnisses beschuldigt und sie damit gesellschaftlich ruiniert, obwohl Karen mit dem Arzt des kleinen Ortes verlobt ist. Aber die unglücklich in sie verliebte Martha gesteht ihr die in diesem Film als anormal geltenden Gefühle und outet sich damit sozusagen, erhängt sich aber wenig später aus Verzweiflung. Karen erwidert zwar ihre Gefühle nicht, trennt sich jedoch von ihrem Verlobten, der an ihr gezweifelt hat, und schreitet in der letzten Einstellung nach Marthas Beerdigung einer unbekannten Freiheit entgegen.

Das dem Film zugrunde liegende Theaterstück der Autorin Lilian Hellman war 1934 in New York uraufgeführt worden, fiel jedoch in anderen Städten der Zensur zum Opfer. William Wyler, der den Stoff 1961 mit Hepburn verfilmte, hatte das bereits 1936 schon einmal getan, damals unter dem Titel *These Three*, allerdings – mit Rücksicht auf die zu erwartende Zensur – ohne den lesbischen Aspekt. In diesem Film bezichtigt die Schülerin beide Lehrerinnen eines Verhältnisses mit dem Arzt, was damals offenbar Skandal genug für eine Kleinstadt war.

Dass Hepburn mit ihrer androgynen Figur, ihrem schlenkernden Gang und ihrer für die Zeit ungewöhnlichen Ausstrahlung eine gute Besetzung für die Rolle war, liegt auf der Hand. Die Anziehung, die sie auf ihre Freundin – und auch auf ihre Schülerinnen – ausübt, ist nachvollziehbar. Bis heute hat Audrey Hepburn sehr viel mehr weibliche Fans als männliche. »Du siehst sowieso nach Fifth Avenue oder Rue de la Paix aus«, sagt die verliebte Martha zu ihrer Freundin Karen und meint damit, dass deren natürliche Eleganz ohne große Garderobe zur Geltung komme. Eine Eleganz, die alle Audrey-Fans bis heute fasziniert.

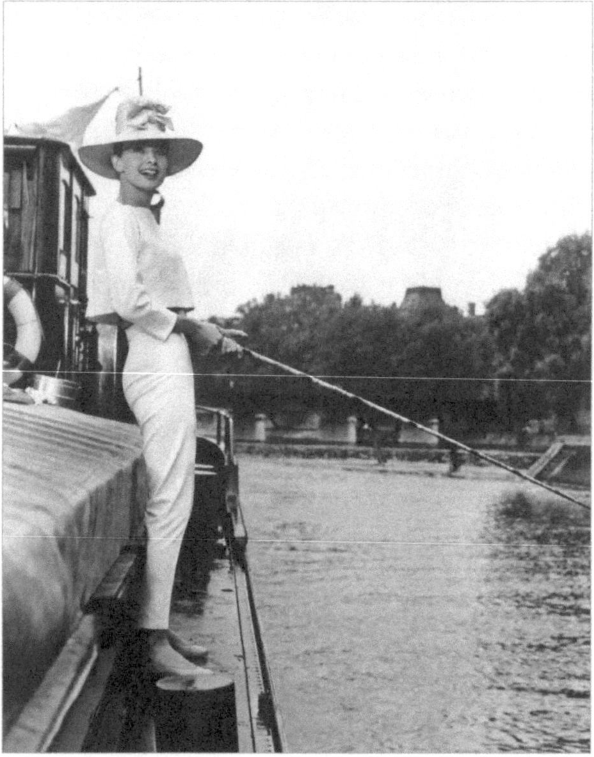

Paris als Sehnsuchtsort – *Funny Face*, 1957

Paris – La Vie en rose

Von *Á Bout de souffle* bis *Les Amants du Pont-Neuf*, von *Belle de jour* bis *Midnight in Paris*, von *Zazie dans le Métro* bis *Subway* – Hunderte von Filmen aus allen Jahrzehnten der Filmgeschichte spielen in Paris, und über hundert im Jahr werden noch immer dort gedreht.

Sechs von Audrey Hepburns Filmen thematisieren die französische Hauptstadt, und es ist kein Zufall, dass man Audreys Figuren immer wieder dorthin versetzt hat. Auch wenn Hepburn hauptsächlich für Paramount, eines der größten Studios in Hollywood, arbeitete, wurde sie selten als Amerikanerin gecastet: Weder ihr Typ noch ihr Akzent gaben ein All-American Girl her: Die »polyglotten frühen Jahre waren es, die für ihre einzigartigen Stimmmuster verantwortlich waren – die elegant knappen Töne, das fast musikalische Auf und Ab ihrer Formulierungen und die Verlängerung von Vokalen«, so beschreibt der Biograf Donald Spoto Audreys individuelle Sprachmelodie, die keiner Nationalität zuzuordnen war. In Paris konnte sie jedoch von unbestimmter Herkunft sein. Ariane, Gabrielle, Sabrina oder Regina etwa heißen

Audreys Figuren, alles Namen, die einen europäischen Hintergrund suggerieren.

Außerdem war Paris in den Fünfzigerjahren ein Sehnsuchtsort des amerikanischen Kinos. Das hing sicher auch mit den neu entstandenen bilateralen Beziehungen zwischen den Alliierten des Zweiten Weltkrieges zusammen; mit der Neugier des protestantisch geprägten modernen Amerikas auf dieses kleine katholische Land mit seiner langen Geschichte. Dessen Hauptstadt Paris stand im Hollywood-Film fürs Monumentale und Mondäne, beides stellen die Filme aus. Aber Paris war auch die Hauptstadt der Liebe, des Flirts, einer gewissen sexuellen Freizügigkeit, wie sie die aus Europa zurückgekehrten GIs womöglich erlebt hatten. Augenzwinkerndes Savoir-vivre oder die amerikanische Vorstellung davon sind unentbehrlicher Bestandteil jedes Paris-Filmscripts. In den Filmen verheißen der rote Neon-Schriftzug des *Moulin Rouge* und andere Leuchtreklamen an der Place Pigalle frivoles Vergnügen, während Alt und Jung in fröhlichem Durcheinander Robert Doisneaus berühmtestes Foto »Le Baiser de l'Hôtel de Ville« von 1950 nachstellen.

Das amerikanische Magazin *Life* hatte Doisneau mit einer Fotoserie beauftragt, die unter dem Titel *The Lovers of Paris* erschien – aus dem gleichen Grund wie Hollywood Paris-Filme produzierte. »Damals rissen sich die amerikanischen

Magazine um Paris-Reportagen, besonders solche, die Straßenszenen zeigten: in Paris benahmen sich die Leute viel ungezwungener als irgendwo in den USA. Selbst in den Straßen von New York sah man kaum küssende Paare, und sicher keine in dieser sorglosen Selbstvergessenheit«, erklärte Robert Doisneaus Tochter Francine Deroudille anlässlich einer Ausstellungseröffnung in Berlin. Tatsächlich ist das Foto kein reines Zufallsprodukt. Der Fotograf hatte ein junges Schauspielerpaar gebeten, durch Paris zu flanieren und zu tun, was sie auch ohne Kamerabegleitung täten. So entstand eins der bekanntesten Paris-Fotos, das sicher erheblich zur Mythenbildung um die französische Metropole beitrug.

La Vie en rose, das Leben durch die rosa Brille, erklärt die Titelheldin in *Sabrina* dem nüchternen Geschäftsmann Linus Larrabee: »Wenn es dir schlecht geht, sorgst für etwas Regen, nicht bloß ein Nieseln, sondern ehrlichen guten Regen. Und findest jemanden wirklich Netten, der dich durch den Bois de Boulogne fährt. Dass es regnet ist sehr, sehr wichtig, denn dann riecht Paris am besten ...«, und dann singt sie das berühmte Chanson. »Paris is for lovers«, so viel ahnt Linus Larrabee. Dass Sabrina eine echte Paris-Kennerin ist, beweist sie natürlich durch ihr Givenchy-Cocktailkleid mit der passenden schwarzen Kappe. Die ist mit Strasssteinen besetzt und hat eine zusätzliche kronenartige

Verzierung. Damit erinnert der Film beiläufig noch einmal an die Prinzessin aus *Roman Holiday*. Und auch wenn die Stadt in *Sabrina* nur als Küche vorkommt, aus deren Fenster man den Eiffelturm sieht, so schafft der Film doch die Grundlage für alle weiteren Audrey-in-Paris-Filme, die auf je verschiedene Weise, mal ironisch, mal nostalgisch das Klischee variieren und ihm neue Facetten hinzufügen.

Wenn etwa *Love in the Afternoon* mit einer Sequenz beginnt, in der eine ganze Reihe von küssenden Paaren jeden Alters und aus den verschiedensten sozialen Milieus auf Pariser Straßen und Plätzen gezeigt wird, dann setzt der Film bereits auf eine gewisse virtuelle Paris-Erfahrung bei seinem Publikum. Doch das ist nur die Einleitung zu einer Geschichte von Ehebruch und Affären, bei der Audrey als brave Cellistin Ariane zur raffinierten Verführerin wird. Als sie – ganz Tochter eines Privatdetektivs – einen Mord aus Eifersucht verhindern will, weil ihr das prospektive Opfer so gut gefällt, ruft sie zunächst bei der Polizei an. »Ein Mann und eine Frau in einem Hotelzimmer? Und nur die Frau ist verheiratet? Mademoiselle, es gibt 210.000 Hotelzimmer in Paris, und in etwa 40.000 davon dürfte sich Ähnliches abspielen. Da besteht für uns kein Grund zum Einschreiten«, belehrt sie der gelangweilte Beamte, der sich ganz offensichtlich in einer gelassen-gewährenden Haltung eigerichtet hat: »La Vie en rose, das ist Paris«, wird später zur

Beruhigung des Publikums der Detektiv noch erklären. Das Rosa brachte weder *Sabrina* noch *Love in the Afternoon* tatsächlich auf die Leinwand. Es sind Schwarzweißfilme in weichen Grautönen, die ihrerseits in den Fünfzigern bereits nostalgisch wirkten.

Dafür knallte *Funny Face* nicht nur in Rosa, sondern im gesamten Technicolor-Spektrum, was sich nicht nur auf die Kostüme für Hepburn, sondern auch auf die Darstellung der Stadt auswirkte: Statt im Studio wurde – untypisch fürs Musical-Genre – an Originalschauplätzen gedreht. Und eine großartige Gesangs- und Tanznummer bringt alle Paris-Sehnsüchte auf den Punkt: »Bonjour, Paris!« Das von Audrey gespielte Model Jo, Fred Astaire als Fotograf und Kay Thompson als Chefin des Modemagazins besichtigen – in einer Parallelmontage – die Stadt getrennt voneinander, während sie im Gesang vereint sind: Astaire tanzt vom Arc de Triomphe aus über die Champs-Élysées; die Redakteurin macht einen Schaufensterbummel im 1. Arrondissement, während Jo auf der Suche nach Existenzialisten durch die mit jeder Menge skurriler Statisten bevölkerten Gassen des Montmartre streift. Es folgen Aufnahmen der bekannten Monumentalbauten, eines Wochenmarktes und schicker Läden. Jo läuft am echten Seine-Ufer entlang, wo falsche Maler vor ihren Staffeleien stehen, sie reitet auf einem Bronze-Löwen, während der Fotograf endlose Treppenfluchten hinauf- und wieder hinabrennt.

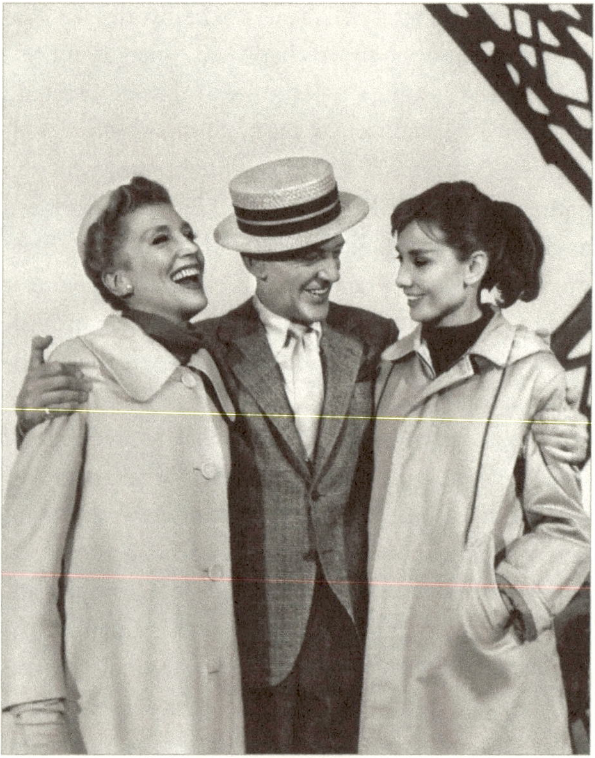

»Bonjour, Paris!« – mit Kay Thompson und Fred Astaire in *Funny Face*, 1957

Luftaufnahmen und 360-Grad-Schwenks zeigen noch einmal die ganze beeindruckende Silhouette der Stadt. Als sich alle drei auf dem Eiffelturm wiedertreffen, stimmen sie gemeinsam in ein enthusiastisches »Bonjour, Paris!« ein.

Aber während die Redakteurin mit Schirm und biederem Hut und der Fotograf im karierten Sakko sofort als amerikanische Touristen identifiziert werden, beispielsweise von einem ganzen Ballett uniformierter Guides, die durch diese Szene tanzen, bleibt Jo unerkannt, dafür sorgen ihre unbekümmerte Jugend und ihr unamerikanisches, dem Pariser Understatement entsprechendes Äußeres. Audrey gelingt es mühelos, vor der realen Paris-Kulisse zu bestehen. So auch in einer weiteren Szene, in der Jo für den Fotografen an verschiedenen Orten – auf einem Blumenmarkt, in der Oper, auf einem Flussdampfer – posiert. Und auch solche Bilder kannten zumindest die modebewussten Amerikanerinnen: Die großen Magazine hatten ähnliche Fotostrecken von Richard Avedon gebracht, der wiederum als Berater bei *Funny Face* mitwirkte. »Die ›eingefrorene‹ Aufnahme von Audrey Hepburn, die, während sie in einer scharlachroten Abendrobe von Givenchy eine Treppe hinabschreitet, die Statue der Nike von Samothrake nachstellt, ist den schönsten Coverfotos von *Vogue* oder *Harper's Bazaar* ebenbürtig«, befand der Pariser Ausstellungskurator N.T. Binh.

Die Paris-Filme aus den 1960er-Jahren setzen nicht nur auf die Kenntnis der medial vermittelten Stadtbilder beim Publikum, sondern verlassen sich sogar darauf, dass es Audrey in Paris kennt: Die Filme beziehen sich auf ihre Vorgänger und benötigen teils noch nicht einmal mehr reale Schauplätze, um die Melange aus *Vie en rose*, altem Europa, Givenchy-Kostümen, angejahrten männlichen Hollywood-Stars und Audrey an deren treue Fans zu bringen. Mitunter benötigen sie nicht einmal mehr eine Geschichte: An den Haaren herbeigezogen sind der Spionageplot in falscher Hitchcock-Manier in *Charade* und die Film-im-Film-Komödie in *Paris – When It Sizzles* ebenso wie die alberne Kunstraub-Story in *How to Steal a Million*.

Und dennoch: Wenn Audrey in einem honiggelben Kleid-Mantel-Ensemble mit dicken, schwarzen Knöpfen durch lange Gänge flieht und dabei von einer Metro in die andere wechselt, ist das wunderschön anzusehen, gerade weil sie in ihrem auffälligen Outfit keine Chance hat, ihren Verfolgern zu entkommen. Und wenn sie, ebenfalls in *Charade*, über den bis heute samstäglich stattfindenden Briefmarkenmarkt in der Avenue Marigny hetzt, um eine irrtümlich weggeworfene Marke wiederzuergattern, dann ist das wenigstens eine neue Facette des Paris-Klischees, die hier ausgestellt wird. Immer avantgardistischer werden die Givenchy-Entwürfe für Audrey in den 1960ern; die Raumfahrtmode in

How to Steal a Million hat mit der vielbeschworenen Einfachheit eigentlich nichts mehr zu tun.

Auf einem stimmungsvollen, ungestellten Foto von Audrey Hepburn sieht man sie zusammen mit Hubert de Givenchy an der Seine entlanggehen. Es stammt aus dem Jahr 1982, im Hintergrund des gegenüberliegenden Ufers erhebt sich der Eiffelturm, davor stehen einige typische Stadthäuser der Haussmann-Ära. Das Schwarzweiß des Fotos passt gut zur herbstlichen Stimmung, die das Bild vermittelt. Die Bäume sind schon kahl, über der Seine ist es dunstig; Givenchy trägt einen langen dunklen Mantel über dem Anzug, unter dessen Revers der Hemdkragen und eine sorgfältig gebundene Krawatte zum Vorschein kommen. Audrey hat den Kragen ihres hellen, eng gegürteten Trenchcoats hochgeschlagen und die Hände in die Taschen geschoben, während Givenchys Rechte leicht auf ihrer linken Schulter liegt. Er überragt sie um Haupteslänge, hält jedoch seinen Kopf geneigt, denn die beiden scheinen ins Gespräch vertieft zu sein. Zusammen bilden sie ein sehr attraktives, schlankes Paar in den Fünfzigern, très chic! Und mehr Paris geht nicht.

Unterwegs als UNICEF-Botschafterin

»Ich war während des Krieges, während der deutschen Besatzung, in Holland, und die Nahrungsmittel gingen aus. Der letzte Winter war am schlimmsten. Das Essen war knapp, und alles, was es gab, bekamen die Soldaten. Es besteht natürlich ein großer Unterschied zwischen Hungertod und Unterernährung, aber ich war sehr, sehr unterernährt. Sofort nach dem Krieg kam eine Organisation, aus der später UNICEF entstand, mit dem Roten Kreuz zu uns und brachte uns Nahrung, Medikamente und Kleider. Alle örtlichen Schulen wurden zu Hilfszentren umfunktioniert. Zusammen mit den anderen Kindern profitierte auch ich davon. Ich habe UNICEF mein Leben lang gekannt.« So erklärte Audrey Hepburn ihrem Sohn Sean ihr Engagement für die 1946 gegründete Organisation, die ursprünglich *United Nations International Children's Emergeny Fund* hieß und sich auf die Fahnen geschrieben hatte, den Kindern im Nachkriegseuropa zu helfen. Inzwischen setzt sich UNICEF allgemein in Krisengebieten für die Ernährung, Bildung, Familienplanung, Gesundheit und Hygiene ein, besonders im Hinblick auf Kinder

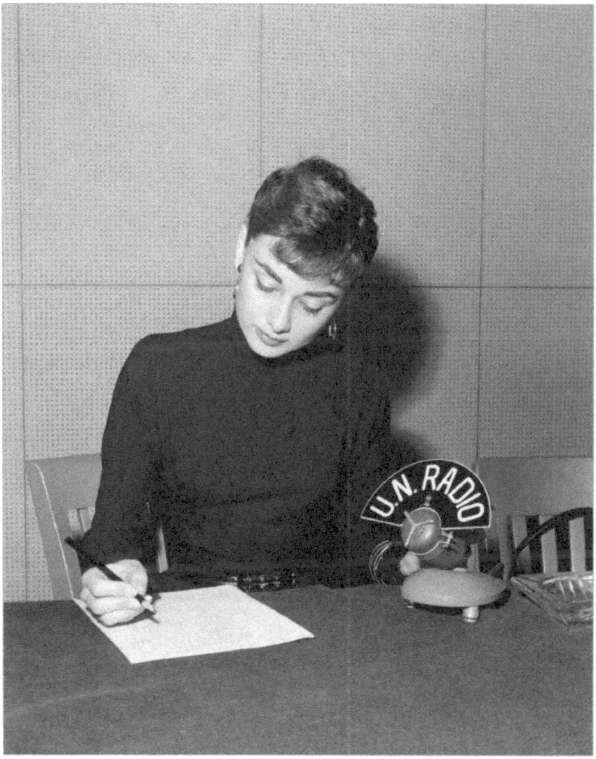

Am 21. Dezember 1953 im U.N.-Hauptquartier

und ihre Mütter. Die Organisation finanziert sich durch freiwillige Zuschüsse von Regierungen und private Spenden. Prominente UNICEF-Botschafter sollen die Spendenbereitschaft vor allem bei Regierungen und potenziellen Großspendern erhöhen; und Audrey Hepburn war vielleicht die Bekannteste von ihnen.

Ein Foto, das auf den 21. Dezember 1953 datiert ist, zeigt Audrey Hepburn in einem Rundfunkstudio: Sie sitzt an einem mit Filztuch belegten Tisch, hinter ihr sind schallschluckende Wandpaneele zu sehen, vor ihr ein dickes, klumpfüßiges Mikrofon mit einem Schild, auf dem U.N. Radio steht. Audrey hat einen Bleistift in der Hand und macht Anstreichungen in einem Manuskript. Auf einem zweiten Foto sieht man sie am selben Ort mit einem Reporter sprechen. In der Bildunterschrift heißt es: »Der Associated Press-Reporter William Oatis interviewt die bekannte Schauspielerin Audrey Hepburn im U.N.-Hauptquartier, kurz bevor sie eine Sendung für das U.N. Radio aufnehmen wird.« Im Dezember 1953 war Audrey Hepburn als Hauptdarstellerin von *Roman Holiday* offenbar schon populär genug, um für UNICEF werben zu können, wer sie jedoch nicht kannte, bekam sicherheitshalber in der Bildlegende mitgeteilt, wer sie war. *Roman Holiday* hatte im August 1953 auf dem Filmfestival in Venedig Premiere gehabt und war bis zum

Zeitpunkt der Fotoaufnahme in England und den USA, Kanada, Brasilien, Argentinien, Australien, Portugal, Italien und der Bundesrepublik angelaufen. Möglicherweise war aber dieser Radioauftritt auch Teil der ihr auferlegten Pflichten während der Oscar-Kampagne der Produktionsfirma Paramount. Schon früh soll Hepburns Filmpartner Gregory Peck nämlich geahnt haben, dass sie mit ihrer Verkörperung der Inkognito-Prinzessin gute Chancen auf den Preis hatte. Er behauptete später, er hätte dafür gesorgt, dass Audreys Name mit seinem vor dem Filmtitel genannt würde – eine nicht ganz zutreffende Erinnerung, wie ein Blick in den Film zeigt: »A Paramount Picture, presenting Gregory Peck and introducing Audrey Hepburn« heißt es dort; die Hierarchie ist damit eindeutig geklärt.

Das Foto belegt jedenfalls Audreys frühes Engagement für die Organisation, bei der sie nach einem Besuch eines Benefiz-Konzerts in Macao 1987 quasi hauptamtlich tätig wurde: Der ehemalige niederländische Botschafter in Portugal, ein Vetter Audreys, hatte sie und ihren Lebensgefährten Rob Wolders als Ehrengäste eingeladen. Ihr Auftritt dort, bei dem sie kurz auf ihre eigenen Erfahrungen mit Entbehrungen in der Kindheit einging, erregte die Aufmerksamkeit der Presse. Hepburns Biograf Donald Spoto hat die UNICEF-Dokumente ausgewertet, die Aufschluss über ihre Tätigkeit dort geben. Danach reiste sie von Macao gleich nach Tokio weiter, wo das World Philharmonic Orchestra ein Konzert zugunsten des Kinderhilfswerks gab, vor dem sie, nun gut vorbereitet, bei einer Pressekonferenz die Arbeit der Organisation vorstellte. In Japan war Hepburn als Modeikone so bekannt, dass die Journalisten in Massen zu dem Event strömten.

Hepburn war 58 Jahre alt, ihre Filmkarriere zu Ende, ihre Söhne Sean und Luca erwachsen, verständlich, dass sie eine neue Aufgabe brauchte. Und so entschloss sie sich, nach ihren Erfahrungen in Asien für UNICEF zu arbeiten. Kinder waren ihr immer wichtig gewesen, angeblich hatte sie, als sie selbst noch ein kleines Mädchen war, Babys aus ihren Kinderwagen gehoben, um sie zu halten und zu umarmen, mit Tieren machte sie es ebenso. »Ich wurde mit einem enormen Bedürfnis nach Zuneigung geboren und mit einem schrecklichen Verlangen, sie zu geben«, antwortete sie 1991 dem Journalisten Alan Riding von der *New York Times* auf seine Frage, was ihre spezielle Aura ausmache, und weiter: »Die Menschen erkannten in mir etwas von sich selbst, das Bedürfnis, Zuwendung zu kriegen und zu geben. Klingt das rührselig?«

Auch wenn Hepburns unstillbare Sehnsucht wahrscheinlich nicht angeboren, sondern eher durch emotionale Entbehrungen in früher Kindheit erworben war, so ist diese Selbstauskunft im

Hinblick auf ihr Engagement bei UNICEF aufschlussreich. Sozialpsychologische Studien zum Ehrenamt heben immer wieder hervor, dass die Motivation dafür nicht nur altruistisch, sondern auch egoistisch ist, ja mehr noch: jede Tätigkeit wird sogar als sinnstiftender erlebt, wenn durch ihre Ausübung auch Bedürfnisse der helfenden Personen selbst befriedigt werden.

Und so bewarb sich Audrey Hepburn schließlich bei UNICEF. »Sie sagte, wenn der Name und Ruhm uns irgendwie bei unserer Arbeit unterstützen würden, dann wäre sie dabei«, berichtete die Koordinatorin Christa Roth dem Biografen Donald Spoto.

Man bot ihr zunächst an, in Rundfunk und Fernsehen für die Organisation zu werben und als Gastgeberin bei Benefizveranstaltungen zu fungieren. Das war Hepburn aber zu wenig. Sie wollte UNICEF-Botschafterin werden und wurde mit einer am 29. März 1988 ausgestellten Urkunde dazu ernannt – bei einem Jahresgehalt von 1 Dollar, die Organisation würde für die Reisekosten aufkommen, allerdings nicht auf Business-Class-Niveau, sondern mit der Prämisse, preiswerte Transportmittel und Unterkünfte zu finden. Bereits am 18. März war sie zu ihrer ersten Reise aufgebrochen.

Sie flog in einer Militärmaschine voller Reissäcke nach Äthiopien, das damals zu den ärmsten Ländern der Welt gehörte. UNICEF wollte

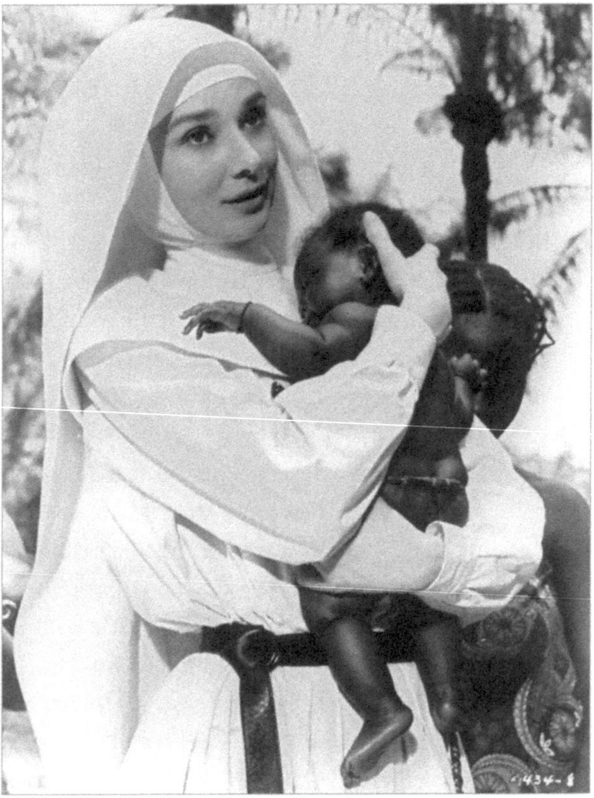

»Ich habe UNICEF mein Leben lang gekannt.« –
The Nun's Story, 1959

die Aufmerksamkeit der Welt auf die Dürrekatastrophe im Land lenken. Hepburn besuchte eine Behelfsklinik und Flüchtlingslager und gab Pressekonferenzen. Sie wich von den für sie vorgefertigten Redemanuskripten ab, wurde persönlich; und die internationalen Medien liebten sie dafür. Als UNICEF-Botschafterin war sie populärer als jeder andere, der dieses Amt vor ihr ausgeübt hatte.

Hepburns Agenda im Jahr 1988 vermittelt einen Eindruck von dem Arbeitspensum, das sie sich in den letzten fünf Jahren ihres Lebens auferlegen sollte: Fünf Tage nach ihrer Rückkehr aus Äthiopien in ihren Heimatort Tolochenaz in der Schweiz gab sie bereits eine Pressekonferenz und Interviews im UNICEF-Hauptquartier in New York. Innerhalb der beiden folgenden Tage berichtete sie in mehreren Fernsehmagazinen über die Lage in Äthiopien, besuchte Benefiz-Veranstaltungen, nahm an einem Kongressfrühstück in Washington teil und traf sich mit einigen Angehörigen des Außenministeriums. Dann ging es weiter nach Toronto, wo sie ebenfalls für Spenden für Äthiopien warb, schließlich flog sie nach London weiter. Da Hepburns Lebensgefährte Rob Wolders immer an ihrer Seite war, übernahm er bald auch offiziell – im Dienst von UNICEF – die Funktion eines persönlichen Managers, »um Feldmissionen, Auftritte im Rahmen der Lobbyarbeit, Medieninterviews und Beteiligung,

Besprechungen und Konferenzen der UNICEF-Botschafterin Audrey Hepburn zu koordinieren und zu erleichtern, und um Miss Hepburn bei der Vorbereitung und Ausführung dieser Aktivitäten im Namen der UNICEF zu unterstützen«, zitiert Donald Spoto aus dem Vertrag zwischen der UNICEF und Robert Wolders.

Nach einem kurzen Aufenthalt in der Schweiz reiste Hepburn im April in die Türkei, um für eine Impfaktion für Kinder zu werben; am 11. April war sie pünktlich zur Oscar-Verleihung in Los Angeles. Zusammen mit Gregory Peck moderierte sie den Preis fürs beste Drehbuch. Das Auditorium erhob sich zu Standing Ovations, als die beiden, die 35 Jahre zuvor für *Roman Holiday* vor der Kamera gestanden hatten, die Bühne betraten. Audrey nutzte die Gelegenheit: Nach der Veranstaltung gab sie eine ganze Reihe von Interviews, um in Hollywood für die Unterstützung von UNICEF zu werben.

»The most unforgettable women in the world wear Revlon«, lautet das Motto einer Anzeige, die 1988 in der *Vogue* für Lippenstift und Nagellack warb. Man sieht eine dezent geschminkte Audrey Hepburn mit elegant zurückgestecktem Haar und einem für sie unüblich weit ausgeschnittenem schwarzen Kleid. »Audrey Hepburn, Switzerland« steht in der Unterzeile – um dem im Claim erhobenen internationalen Anspruch der Anzeige gerecht zu werden. Ihr Honorar von 50.000 Dollar spendete Hepburn an die Opfer der armenischen Erdbebenkatastrophe.

Für UNICEF bereiste Audrey Hepburn bis zum Jahresende 1988 Venezuela und Ecuador, und sie fungierte als Gastgeberin bei Spendensammlungs-Veranstaltungen in den USA und mehreren europäischen Ländern: Über 22 Millionen Dollar warb sie in diesem Jahr ein. 1989 war sie in Mittelamerika unterwegs, traf Regierungsoberhäupter und versuchte, ihnen die UNICEF-Programme nahezubringen. In Washington wiederum trat sie vor Senats- und Kongressausschüssen auf; sie begleitete Lieferungen von Nahrungsmitteln und Krankenhausbedarf; sie ließ sich offenbar weder von schlechten Straßenverhältnissen in Afrika noch von Rebellenaufständen abhalten. Und sie spielte auch ihre letzte Filmrolle in diesem Jahr: als Engel in *Always*, dessen Regisseur Steven Spielberg sich damit nicht nur vor der Schauspielerin, sondern auch vor der Kämpferin für die Kinderrechte verbeugt. »Wäre garantiert, dass sie einen erwartet«, schrieb die Kulturjournalistin Manuela Reichart, »man wollte sofort die Erde verlassen.«

Ebenfalls für UNICEF tat sie etwas, das sie viele Jahre lang verweigert hatte – aus persönlicher Betroffenheit: Sie las Auszüge aus dem Tagebuch der Anne Frank und schickte eine Aufnahme davon an den Komponisten Michael Tilson Thomas, der eine Musik dazu komponierte. Das Werk *From the*

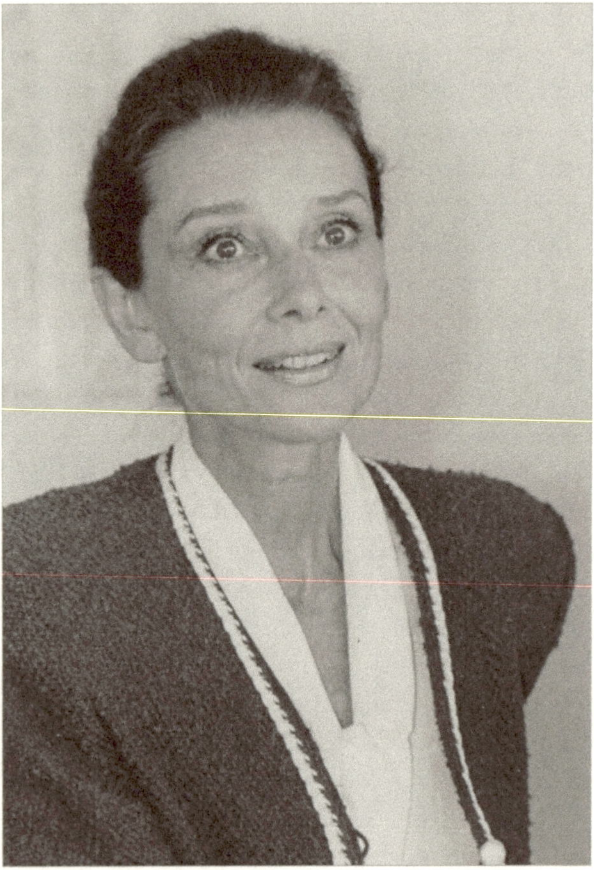

Als UNICEF-Botschafterin populärer als jede andere zuvor – 1988 in Finnland

Diary of Anne Frank erlebte seine Uraufführung am 19. März 1990 mit der New World Symphony in Philadelphia, die anschließende Tournee ging über Houston und Chicago schließlich nach New York vor die Generalversammlung der Vereinten Nationen, ein Jahr später nach London.

Zur gleichen Zeit moderierte Audrey Hepburn eine Fernsehserie über die großen Gärten der Welt für die amerikanische Produktionsfirma Public Broadcasting. In fünf Episoden der Mini-Serie spaziert sie durch Parkanlagen in den USA, Japan, Holland, Italien und der Dominikanischen Republik, stellt sie vor und kommentiert sie. Ihre Gage für diese Auftritte spendete sie wieder an UNICEF.

Im September 1992 sollte Audrey Hepburn zu ihrer letzten Reise für UNICEF aufbrechen, aber das wusste sie noch nicht. Zusammen mit Rob Wolders und einem kleinen Team flog sie in das vom Bürgerkrieg zerrüttete Somalia. Wie immer hatte sie vor der Reise recherchiert, Reportagen gelesen und Dokumentationen angeschaut. Aber nichts konnte sie auf die tatsächlichen Zustände vorbereiten, und in ihren Statements während der Ortstermine und danach machte sie keinen Hehl aus ihrer Erschütterung, wie die UNICEF-Unterlagen dokumentieren. Dabei stellte sie zum ersten Mal das Elend der verhungernden Kinder in einen weltpolitischen Kontext: »Somalia liegt in unserer Verantwortung. Es liegt auf jeden Fall im Verantwortungsbereich Großbritanniens und Italiens, die das Land kolonisierten. ... Sie haben eine Verpflichtung gegenüber diesen Menschen, aus denen sie viele Jahre lang Nutzen zogen.«

Nach ihrer Rückkehr in die Schweiz erkrankte Audrey Hepburn, und zunächst dachte man, sie habe sich in Afrika eine Infektion zugezogen. Sie litt unter Bauchschmerzen, Koliken und Verstopfung; schließlich ließ sie sich in Los Angeles, wo sie ihre nächste UNICEF-Verpflichtung wahrnehmen wollte, untersuchen. Man diagnostizierte Darmkrebs; zu dem geplanten Einsatz kam es nicht mehr.

Stilikone und Königin der Herzen

»Ein sanfter Windhauch in diesem stickigen, alten Haus« – das ist Sabrina für den reichen Firmenerben Linus Larrabee. Mit Natascha zu tanzen, schwärmt Prinz Andrej, sei, als halte man »den Frühling, einen Fliederstrauß oder ein Kätzchen« in den Armen. »Du füllst die Luft mit Lächeln«, besingt Dick Avery sein Model Jo Stockton. »Ein Mädchen so rein wie frisch gefallener Schnee, gerade mal ein Strich in der Landschaft«, beschreibt man Ariane in *Love in the Afternoon*.

»Eine junge Dame mit einer außergewöhnlichen Bandbreite an sensiblen und anrührenden Ausdrucksmöglichkeiten, mit einer so zerbrechlichen, schlanken Figur«, so Bosley Crowther, der Kritiker der *New York Times*, über Audrey Hepburn in *Sabrina*, und »charmant und mädchenhaft« fand er sie in *War and Peace*.

Audrey Hepburn verkörpere das Partygirl Holly Golightly als »reizende, elfenhafte Streunerin«, schrieb der Kritiker A.H. Weiler über Holly in *Breakfast at Tiffany's*, ebenfalls in der *New York Times*. »Natürliche Eleganz und makellose Unschuld« bescheinigte das Branchenmagazin

Variety Hepburn anlässlich der Premiere von *My Fair Lady*.

Das sind nur einige Beispiele dafür, wie sich die Beschreibungen ähneln: Ob innerhalb der Fiktion andere Charaktere über die von Audrey gespielten Figuren sprechen oder Zeitgenossen über die Schauspielerin selbst, macht kaum einen Unterschied. Die Filmgeschichten kommen in diesem Fall mit der Wirklichkeit zur Deckung: Audrey scheint zu *sein*, was sie spielt.

Und, noch viel wichtiger: Audrey brachte mit ihrem europäischen Flair, ihrem für die 1950er-Jahre ungewöhnlichen Äußeren und ihrem fremdartigen Akzent und Sprachduktus tatsächlich frischen Wind in das behäbige und selbstgefällige Hollywood: Lange hatte das alte Studiosystem mit seinen Genreformeln gute Profite gemacht; nun aber wurde es plötzlich von der raschen Verbreitung des Fernsehens bedroht. In den 1950er-Jahren suchte man deshalb nach Möglichkeiten, sich gegen das neue Medium abzusetzen: Farborgien in Technicolor, spektakuläre Schauwerte wie Statistenheere und historische Kostüme im Breitwandformat und schließlich die Entdeckung neuer Gesichter sollten das Kino retten.

Audrey Hepburn passte blendend in diese Strategien: Sie brachte, ohne dass man irgendetwas mit ihr anstellen musste, Anmut und Haltung mit. Sie konnte, da sie Modelmaße hatte,

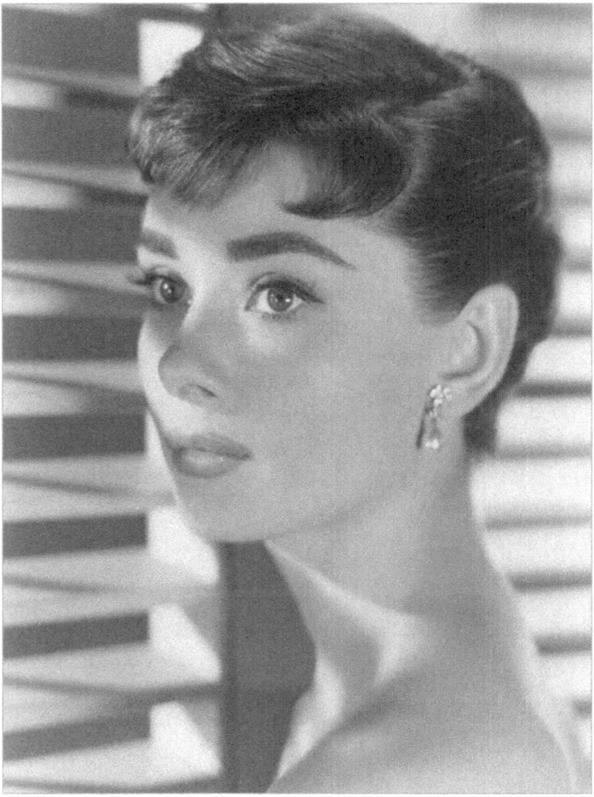

»Ein sanfter Windhauch in diesem stickigen alten Haus« – *Sabrina*, 1954

jedes Kostüm tragen, und das tat sie, wie alle Produktionsberichte übereinstimmend bezeugen, ohne je zu klagen. Sie stellte keine Ansprüche wie die großen Diven Hollywoods, sie war fleißig, zuverlässig und freundlich. Und man dachte – nach dem Motto »viel hilft viel« –, wenn man sie wie in *War and Peace* oder *My Fair Lady* mit überbordenden Interieurs und Historienbombast umgäbe, würden die Filme womöglich noch mehr Publikum anziehen. Aber Audrey Hepburn war dann am besten, wenn sie zeitgenössischen Frauenfiguren zum Leben verhalf; dann wirkte sie so authentisch, empathisch und warmherzig wie kaum eine andere Schauspielerin ihrer Zeit. Basis dafür, dass sich die Zuschauerinnen bis heute mit ihr identifizieren können, obwohl ihre Filme, trotz aller behaupteten Aktualität, immer märchenhaft sind.

Die tänzerische Leichtigkeit, mit der Audrey durch Herrenhäuser, Schlösser und Kulissen wirbelte, stand im starken Kontrast zu den behäbigen Studio-Inszenierungen und zu den gemessenen Bewegungen ihrer Filmpartner, die zwar geschliffene Dialogzeilen und Gefühl fürs richtige Timing hatten, aber keine Sekunde vergessen ließen, dass sie spielten. Auch Darsteller wie Humphrey Bogart, Gary Cooper oder Cary Grant, die zu den Größten ihrer Zeit zählten und die man für ihr Underplay bewunderte, wirkten neben ihr statisch.

Aber es war nicht nur ihre Lebendigkeit, sondern auch ihre Natürlichkeit, von der das Publikum nicht genug bekommen konnte, genauso wie von ihren Rehaugen und ihrem wunderbaren Lächeln, das die Menschen vor der Leinwand bezauberte. »Geist, Charakter und Intelligenz« entdeckt die Autorin Manuela Reichart in ihrem Blick und erinnert daran, dass Audrey in den Fünfzigern eine Identifikationsfigur für alle jungen Frauen mit wenig Busen war, die nun nicht mehr die BHs mit Taschentüchern ausstopfen mussten. Und auch die, die Stöckelschuhe ablehnten oder große Füße hatten, fanden in Audrey, die in ihren Filmen häufig barfuß lief, ein Vorbild. Im Vergleich zu den dramatischen Auftritten ihrer kunstvoll aufgeputzten Kolleginnen Lana Turner, Ava Gardner oder Elizabeth Taylor sah sie immer beiläufig gekleidet aus. Wenn Liz Taylor eine Hemdbluse und schmale Hosen trug, dann schmückte sie sich mit funkelnden Ohrgehängen, goldenen Sandalen und einem Turban. Audrey kombinierte das zweiteilige Outfit mit Mokassins. Ihr Look in den 1950ern war ein Vorgriff auf die nächste Dekade der superdünnen Models, die an die Stelle der üppigen Pin-ups traten und vor allem jung waren und noch jünger aussahen. Direkt in Audreys Fußstapfen trat Lesley Hornby, wegen ihres spindeldürren Körpers Twiggy, »Zweiglein«, genannt. 20 Jahre jünger als Audrey, gibt es Parallelen in Größe, Figur und charakteristischen Styling-Elementen bis hin zum Hilflosigkeit signalisierenden Rehaugen-Blick. Als Twiggy aber 1966 zum Inbegriff des Swinging London wurde, war es mit »Bonjour, Paris!« vorbei.

Die Essenz von Audreys Modernität enthält der Film *Breakfast at Tiffany's*, in dem die 31-jährige Audrey mühelos eine 19-Jährige spielte. Allerdings eine, die sich bemüht, älter zu erscheinen, wie es Teenager in den Fünfzigern taten, denn der Jugendwahn in den westlichen Gesellschaften setzte sich erst Mitte der Sechziger durch. Vorher wollten die Jungen erwachsen, nachher und seither die Erwachsenen jung aussehen. Holly Golightly ist trotz ihrer 19 Jahre eine selbstständige Frau, die weiß, was sie tut, und über jede Menge Strategien fürs Überleben in der Großstadt verfügt. Sie findet sich besser zurecht als ihr Nachbar Paul, der Schriftsteller ist und sich interessanterweise ebenso prostituiert wie sie – beide verkaufen ihre jugendlichen Reize an zahlungskräftige ältere Kunden des jeweils anderen Geschlechts, bis sie sich schließlich ineinander verlieben.

Audrey spielte die Krisen und Ängste, die Phasen des »roten Grausens«, die Naivität der Mafia-Kurierin, die aufreizende Verführerin, selbst die ausgerissene Ehefrau des alten Tierarztes so authentisch, dass das Publikum Holly – und Audrey – ihr durch Taxigeld und »Powder Room Money« finanziertes »Partygirl«-Dasein nicht übel nahm. Sie ist, ähnlich wie Julia Roberts in *Pretty Woman*

30 Jahre später, ein gutes Mädchen mit Stil, das in unglückliche Umstände geraten ist. Und gerade der verlassene Tierarzt versteht: »Du darfst dein Herz nicht an einen Wildfang verschenken.« Dass Audrey dieses Mal eine Amerikanerin spielen durfte, liegt daran, dass sich das texanische Waisenmädchen Lula Mae – der Name verrät ihre ländliche Herkunft – neu erfunden hat: Holly Golightly ist eine urbane Kunstfigur, deren unkonzentriertes, von französischen Brocken durchsetztes Sprechen nur eins von mehreren Merkmalen ist, die sie von ihrer Vergangenheit distanzieren. Die mondänen Hüte und Sonnenbrillen, die Zigarettenspitze, das Nachtleben und ihre Gewieftheit im Umgang mit betuchten Männern, die sie verachtet, gehören ebenfalls dazu.

Bis auf die blonden Strähnen im Haar musste Audrey nicht verändert werden – vielmehr lieh sie ihre Eleganz und ihre Fähigkeit, hilflos zu wirken, ihre Mädchenhaftigkeit und ihre Herzensgüte der Figur und begeisterte ein weiteres Mal ihre Fans. Das gelang nur, weil der Film vermeidet, klar zu benennen, wofür die Herren ihr Geld zustecken, geschweige denn, das zu zeigen – für das Singen von »Moon River«, diesen extra für sie komponierten, mit einem Oscar belohnten Song, jedenfalls nicht. Gespiegelt wird ihre Figur einerseits in der des Nachbarn Paul, dessen materielle Abhängigkeit von seiner sogenannten Innenarchitektin explizit

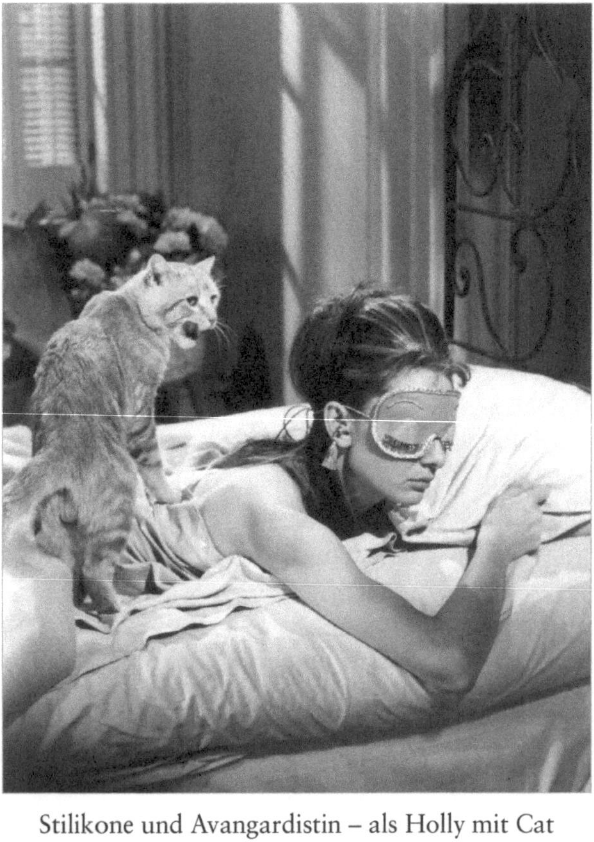

Stilikone und Avangardistin – als Holly mit Cat in *Breakfast at Tiffany's*, 1961

thematisiert wird. Und andererseits, zur Beseitigung der letzten moralischen Zweifel an Holly, in dem Kätzchen namens Cat, das ihr zugelaufen ist und sowohl ihr Unabhängigkeitsstreben als auch ihre Schutzbedürftigkeit symbolisiert. Nicht umsonst endet der Film, nachdem Paul Holly und die wiederum Cat im strömenden Regen aufgegabelt hat – zu dritt sind sie dann schließlich eine Familie.

Der Film etablierte nicht nur Audrey bis heute als Stilikone, sondern im Grunde als Avantgardistin einer Jugendkultur, die sich am Ende der Dekade vehement durchsetzen sollte. Sie hat den Boden für die Models der 1960er mit ihren androgynen Figuren bereitet; sie brachte die Hilflosigkeit als Attraktivitätsmerkmal auf und das damit verbundene Kindfrau-Schema in Mode. Denkt man an ihre Figur Holly Golightly, die als minderjährige Waise zunächst vom alten Doc adoptiert und dann geheiratet wurde, weckt das heute ungute Assoziationen, aber im Zuge der sogenannten sexuellen Befreiung nahm man es mit solchen Konstellationen nicht so genau. Hellsichtig nimmt der Film einige gesellschaftliche Themen der kommenden Dekade vorweg, auch indem er das traditionelle Geschlechterverhältnis infrage stellt und mit der Behauptung »Menschen können nicht anderen Menschen gehören« letztlich auch die Institution Ehe infrage stellt. Holly Golightly ist auf ihre Weise eine höchst emanzipierte Figur.

In der Mitte der 1960er-Jahre allerdings war Audrey dann plötzlich nicht mehr en vogue, jedenfalls im Film. Junge Regisseure, die vom Fernsehen kamen und daher wussten, wie man mit kleinen Budgets auskommen konnte, eroberten die Kinos, in denen jetzt ein Publikum saß, das gleichaltrige Helden in Alltagsgeschichten sehen wollte und nicht die Idole ihrer Eltern in Märchen. Audrey gehörte plötzlich jener Generation an, die es sich vor dem Fernseher gemütlich machte; und die Versuche der Filmindustrie, sie für ein jugendliches Publikum attraktiv zu machen, scheiterten. So der Film *Two for the Road*, den Stanley Donen, der schon *Funny Face* und *Charade* mit ihr gedreht hatte, in Südfrankreich inszenierte. Es ist die Geschichte eines Paars Ende 30, das seit zehn Jahren verheiratet nun kurz vor der Trennung zu stehen scheint.

In Rückblenden erzählt der Film von den Hoffnungen und Enttäuschungen der beiden, von imaginierten oder tatsächlichen Seitensprüngen, von Krächen und Krisen. Der Film hat die Struktur eines Road Movies, bei dem die Zeitabschnitte durch verschiedene Autos gekennzeichnet, aber nicht chronologisch angeordnet sind, sodass es dem Publikum überlassen bleibt, die Episoden richtig einzuordnen. Audreys Partner ist der sieben Jahre jüngere Albert Finney, ein Star des britischen Free Cinema, das seine Erfolge allerdings auch bereits fünf Jahre früher gefeiert hatte. Der derbe, polterige Brite und die feinsinnige Audrey passen nicht recht zusammen, und die im Film behauptete animalische Anziehung zwischen den beiden wird nicht plausibel. Die Dialoge sind sexlastig und bemüht frivol, was ebenfalls nicht zu Audrey passt.

Wunderbar dagegen passten ihr immer noch selbst die exzentrischsten Sixties-Kostüme, die gleich eine ganze Handvoll der angesagtesten Designer der Dekade für diesen Film entworfen hatten: ein schwingendes Minikleid aus Silbertalern von Paco Rabanne, ein Vinylanzug von Michèle Rosier, Jerseyhänger mit grafischen Mustern von Mary Quant, geblümte Flattergewänder von Ken Scott und die archetypischen Swinging-London-Modelle von Foale and Tuffin. War *Funny Face* eine Leistungsschau von Hubert de Givenchy, so stellt *Two for the Road* eine Generation junger Modedesigner vor, die – und das ist wirklich verblüffend – trotz des gerade einsetzenden Jugendwahns keinerlei Probleme damit hatte, die mittlerweile 37-jährige Audrey modeln zu lassen. Und das ist es, was sie in diesem Film vor allem tut: Schlank und langgliedrig, mit dem zeittypischen schweren, schwarzen Augen-Makeup und einer toupierten Kurzhaarfrisur, führt sie eine große Anzahl von Kostümen vor und sieht selbst in den extravagantesten Kreationen aus, als wäre sie darin geboren.

Für New Hollywood jedoch war Audrey zu alt; dessen Stars hießen Mia Farrow und Faye

Dunaway, Meryl Streep und Diane Keaton und waren zehn bis 20 Jahre jünger als sie. Umso erstaunlicher, dass die Modeindustrie weiterhin an Audrey festhielt: 1971 erschien sie zum letzten Mal auf dem Titelblatt der *Vogue*. 1988, als sie sich für eine Makeup-Kampagne der Firma Revlon fotografieren ließ, um ihr Honorar dann zu spenden, war sie eine der wenigen älteren Frauen, die abgebildet wurden. Die Anzeigenserie bestand aus Einzelporträts von Schauspielerinnen wie etwa Liza Minnelli oder Melanie Griffith und Showbiz-Größen wie Oprah Winfrey oder Barbara Sinatra, die abwechselnd mit Gruppenporträts aktueller Supermodels erschienen. Alle, wirklich alle abgebildeten Frauen tragen wild aufgeföhnte Frisuren und Trash-Outfits – nur Audrey nicht. Als ob Coco Chanel ihr berühmtes Diktum »Mode ist vergänglich, Stil niemals« eigens für sie geprägt hätte.

Und tatsächlich: »Endlich können Sie bei Tiffany frühstücken«, titelte die *New York Times* im November 2017 und konstatierte: »Als Holly ein Croissant und einen Becher Kaffee in der Hand hielt, stand sie draußen vor dem Gebäude. Seit 1837 ist Tiffany's ein ausgesprochener Luxus-Juwelier, bei dem man allerdings nicht frühstücken konnte. Das hat sich jetzt mit der Eröffnung des Blue Box Cafés im ehrwürdigen Stammladen an der Ecke Fifth Avenue und 57. Straße geändert. Das ›Breakfast at Tiffany‹ enthält Kaffee oder Tee, ein Croissant und

Obst der Saison und kann mit Buttermilchwaffeln, geräuchertem Lachs und Bagels, Trüffeleiern oder Avocado-Toast ergänzt werden.«

Der Artikel ist noch nicht einmal mit einem Filmbild illustriert, ebenso wenig wie einer, der zur gleichen Zeit in der deutschen *Elle* erschien: »Ab sofort könnt ihr Audrey Hepburn spielen und tatsächlich bei Tiffany's frühstücken …«, oder in *Vanity Fair*: »Möchtegern-Holly-Golightlys müssen sich nicht länger mit Kaffee und Croissant in der Hand die Nasen am Ladenfenster plattdrücken …«.

56 Jahre, nachdem der Film ins Kino kam, ist seine Strahlkraft immer noch so groß, dass die Zeitschriften nichts zu erklären brauchen: Vorausgesetzt wird, dass selbst die jungen Frauen der Zielgruppe sowohl Holly Golightly als auch Audrey Hepburn kennen und den Filmtitel und die entsprechende Szene erinnern. Zu ähnlicher Bekanntheit hat es vielleicht nur noch das millionenfach reproduzierte Szenenfoto aus *The Seven Year Itch* (1955) von Marilyn Monroe überm U-Bahn-Schacht gebracht – das weiße Kleid, das sie trug, ist wohl ebenso oft kopiert worden wie Audreys schwarzes.

Im Dezember 2018 schließlich meldete das Showbiz-Blatt *Variety*, dass eine italienische Produktionsfirma eine Fernsehserie über das Leben Audreys plane, die auf dem von ihrem Sohn Luca

Dotti zusammen mit einem Journalisten verfassten Treatment basiere. Der Drehbeginn sei für 2020 geplant; über die Besetzung der Hauptrolle verliert der Artikel kein Wort. Die Hepburn-Bloggerinnen wüssten Rat: Sie veröffentlichen Fotos von Ähnlichkeitswettbewerben und nominieren mit Natalie Portman und Winona Ryder ihre Lieblings-Audrey-Wiedergängerinnen, würden aber auch Keira Knightley, Rooney Mara und Anne Hathaway akzeptieren. In China, wo Audrey ebenfalls verehrt wird, ist es die Sängerin Cecilia Cheung, die als ihr bestes Imitat gilt.

Eine Schauspielerin gibt es, die Hepburn tatsächlich schon verkörpert hat: Jennifer Love Hewitt spielte im Jahr 2000 die Titelrolle in der amerikanisch-kanadischen Produktion *The Audrey Hepburn Story*. Ihre Ähnlichkeit mit der realen Audrey allerdings ist eher gering.

Eine Ikone lässt sich nun einmal nicht ersetzen.

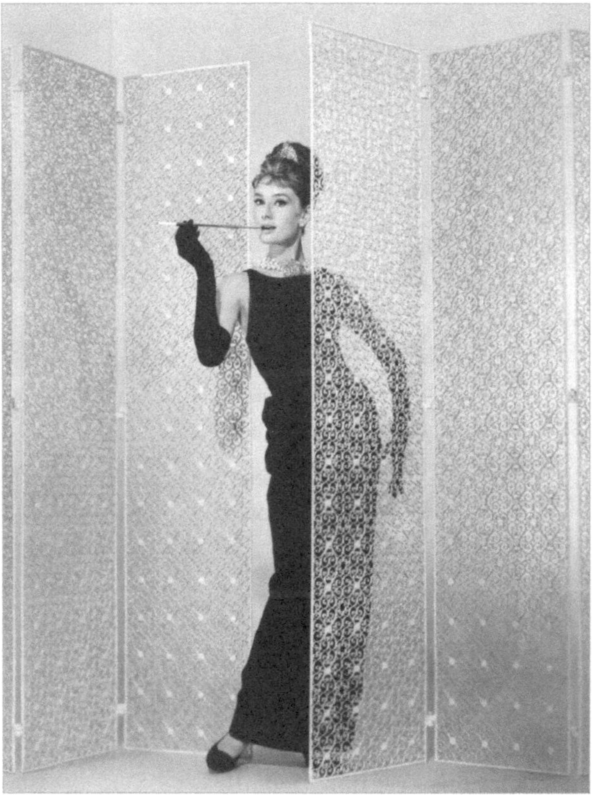

Audrey Hepburn in der Rolle ihres Lebens – *Breakfast at Tiffany's*, 1961

Anhang

Biografische Daten

1929 Geboren am 4. Mai in Brüssel-Ixelles, Belgien, als Audrey Kathleen Ruston. Die Tochter der Niederländerin Ella van Heemstra und des Briten Joseph Ruston erhält die britische Staatsbürgerschaft.

1929–1935 Kindheit zwischen Brüssel, London und Arnheim, dem Wohnsitz der Großeltern mütterlicherseits. 1935 verlässt Joseph Ruston die Familie.

1936–1939 Besuch eines privaten Mädcheninternats in Kent, England

1939–1944 Nach Kriegsausbruch Umzug mit Ella van Heemstra zu den Großeltern in Arnheim, von 1941 an Musik- und Tanzunterricht am dortigen Konservatorium

1944–1945 Nach der Schlacht um Arnheim Umzug der Familie ins Landhaus in Velp, einem Vorort von Arnheim

1945–1946 Arbeit als Pflegerin für Kriegsversehrte in einer Amsterdamer Klinik mit Ella van Heemstra

1946–1947 Ballettunterricht in Amsterdam

1948 Erste Filmerfahrungen in Amsterdam, Ballettunterricht in London, Probenbeginn für *High Button Shoes* im Oktober, Premiere im Londoner Hippodrome im Dezember

1949 Premiere von *Sauce Tartare* im Mai im Londoner Cambridge Theater

1950–1951 Premiere von *Sauce Piquante* im Londoner Cambridge Theater
Kleine Filmrollen und Modeljobs
Abschluss eines Vertrags über sieben Filme mit der Paramount
Engagement für *Gigi* am Broadway, Umzug nach New York im Oktober 1951, Probenbeginn

1952–1953 Broadway-Star
Beginn der Filmarbeit bei der Paramount

1954 Oscar als beste Hauptdarstellerin für *Roman Holiday*, Tony Award für die beste Schauspielerin in einem Broadwaystück dieser Saison für *Ondine*
Eheschließung mit Mel Ferrer im September in Bürgenstock, Schweiz

1955–1957 Oscar-Nominierung für *Sabrina* 1955
Einzug mit Mel Ferrer in die Villa Bethania bei Bürgenstock, Schweiz

1960 Oscar-Nominierung für *The Nun's Story*
Geburt des Sohnes Sean Hepburn Ferrer im Juli

1962 Oscar-Nominierung für *Breakfast at Tiffany's*

1965 Umzug mit Mel Ferrer und Sean in die Villa *La Paisible*, Tolochenaz, Schweiz, Audrey Hepburns Hauptwohnsitz bis zu ihrem Tod

1967–1975 Trennung von Mel Ferrer im Sommer 1967, Scheidung 1968
Oscar-Nominierung für *Wait Until Dark* 1968
Eheschließung mit Andrea Dotti im Januar 1969 in Morges, Schweiz
Geburt des Sohnes Luca Dotti im Februar 1970
Hausfrau und Mutter in Tolochenaz und Rom
Einzug der Mutter Ella van Heemstra in Tolochenaz 1974

1978–1979 Trennung von Andrea Dotti

1980 Begegnung mit Robert Wolders

1981 Scheidung von Andrea Dotti

1984 Tod von Ella van Heemstra

1988–1992 Arbeit als UNICEF-Botschafterin, Reisen nach Afrika, Asien, Südamerika; Spendensammeltouren und Pressekonferenzen in Europa und Nordamerika

1993 Gestorben am 20. Januar in Tolochenaz, Schweiz

Filmografie und Bühnenauftritte

Film und Fernsehen

1949

Sauce Tartare, GB, Regie: Audrey Cameron

1950

Saturday Night Revue, GB, Buch und Produktion: Henry Caldwell

1951

One Wild Oat, GB, Regie: Charles Saunders

Laughter in Paradise (*Wer zuletzt lacht*), GB, Regie: Mario Zampi

The Lavender Hill Mob (*Das Glück kam über Nacht*), GB, Regie: Charles Crichton

Young Wives' Tale (*Mit Küchenbenutzung*), GB, Regie: Henry Cass

Monte Carlo Baby/Nous irons à Monte Carlo (*Musik in Monte Carlo*) GB/F, Regie: Lester Fuller, Jean Boyer

BBC Sunday-Night Theater, Episode *The Silent Village*, GB, Buch: William Templeton, Produktion: Dallas Bower

1952

Secret People (*Die Verblendeten*), GB, Regie: Thorold Dickinson

Betty Crocker Star Matinee, Episode *The Stove Won't Light*, USA

CBS Television Workshop, Episode *Rainy Day in Paradise Junction*, USA

1953

Roman Holiday (*Ein Herz und eine Krone*), USA, Regie: William Wyler, mit Gregory Peck

1954

Sabrina (*Sabrina*), USA, Regie: Billy Wilder, mit Humphrey Bogart, William Holden; Kostüme für AH: Hubert de Givenchy

1956

War and Peace (*Krieg und Frieden*), USA/I, Regie: King Vidor, mit Henry Fonda, Mel Ferrer

1957

Funny Face (*Ein süßer Fratz*), USA, Regie: Stanley Donen, mit Fred Astaire, Kay Thompson; Kostüme für AH: Hubert de Givenchy

Love in the Afternoon (*Ariane – Liebe am Nachmittag*), USA, Regie: Billy Wilder, mit Gary Cooper, Maurice Chevalier; Kostüme für AH: Hubert de Givenchy

Producer's Showcase, Episode *Mayerling*, USA, Regie: Kirk Browning, Anatole Litvak

1959

Green Mansions (*Tropenglut*), USA, Regie: Mel Ferrer, mit Anthony Perkins

The Nun's Story (*Geschichte einer Nonne*), USA, Regie: Fred Zinnemann, mit Peter Finch, Edith Evans

1960

The Unforgiven (*Denen man nicht vergibt*), USA, Regie: John Huston, mit Burt Lancaster, Audie Murphy

1961

Breakfast at Tiffany's (*Frühstück bei Tiffany*), USA, Regie: Blake Edwards, mit George Peppard, Patricia Neal; Kostüme für AH: Hubert de Givenchy

The Childrens' Hour (*Infam*), USA, Regie: William Wyler, mit Shirley MacLaine, James Garner

1963

Charade (*Charade*), USA, Regie: Stanley Donen,

mit Cary Grant, Walter Matthau, James Coburn; Kostüme für AH: Hubert de Givenchy

1964

Paris – When It Sizzles (*Zusammen in Paris*), USA, Regie: Richard Quine, mit William Holden; Kostüme für AH: Hubert de Givenchy

My Fair Lady (*My Fair Lady*), USA, Regie: George Cukor, mit Rex Harrison, Stanley Holloway, Wilfrid Hyde-White

1966

How to Steal a Million (*Wie klaut man eine Million?*), USA, Regie: William Wyler, mit Peter O'Toole; Kostüme für AH: Hubert de Givenchy

1967

Two for the Road (*Zwei auf gleichem Weg*), GB, Regie: Stanley Donen, mit Albert Finney

Wait Until Dark (*Warte, bis es dunkel ist*), USA, Regie: Terence Young, mit Alan Arkin, Richard Crenna, Jack Weston

1976

Robin and Marian (*Robin und Marian*), USA, Regie: Richard Lester, mit Sean Connery

1979

Bloodline (*Blutspur*), BRD/USA, Regie: Terence Young, mit Ben Gazzara, James Mason; Kostüme für AH: Hubert de Givenchy

1981

They All Laughed (*Sie haben alle gelacht*), USA, Regie: Peter Bogdanovich, mit Ben Gazzara, John Ritter, Dorothy Stratten

1987

Love Among Thieves (*Liebe Diebe killt man nicht*), USA, Regie: Roger Young

1989

Always (*Always – Der Feuerengel von Montana*), USA, Regie: Steven Spielberg, mit Richard Dreyfuss, Holly Hunter, Brad Johnson, John Goodman

Bühnenauftritte

High Button Shoes, 1948, London Hippodrome
Sauce Tartare, 1949, Cambridge Theater, London
Sauce Piquante, 1950, Cambridge Theater, London
Gigi, 1951/52, Fulton Theatre, New York
Ondine, 1954, 46th Street Theatre, New York

Literatur

Benecke, Joanna: 100 Reasons to Love Audrey Hepburn, London 2016

Beyfus, Drusilla: Vogue on Hubert de Givenchy, München 2014

Binh, N.T. und Franck Garbarz: Paris au Cinéma. La Vie rêvée de la capitale de Méliès à Amélie Poulain, Paris 2003

Clarke Keogh, Patricia: Audrey Style, London 2009

Dherbier, Yann-Brice (Hg.): Audrey Hepburn. Bilder eines Lebens, Berlin 2007

Epstein, Edward Z.: Audrey und Bill. Audrey Hepburn und William Holden – Eine unvollendete Liebe, München 2015

Gazzara, Ben: In the Moment. My Life as an Actor, Boston MA, 2005 (zit. nach Spoto)

Gerber, Eric: Hepburn Is Back!, in: The Houston Post, 21. März 1976 (zit. nach Spoto)

Haddad-Garcia, George: Audrey Hepburn, Privacy Is Precious to Me, in: Photoplay 30, No. 10 (Oktober 1979) (zit. nach Spoto)

Hepburn, Audrey: Kostüme machen Schauspieler. Ein persönliches Bekenntnis, in: Engelmeier, Regine und Peter W.: Film und Mode – Mode im Film, München 1990, S. 9–11

Hepburn Ferrer, Sean: Audrey Hepburn. Melancholie und Grazie, Berlin 2007

Jacobsen, Wolfgang u. a. (Hg.): William Wyler, Berlin 1996
Jakubowicz, Florence und Frances Faure (Hg.): Givenchy – 40 Years of Creation, Paris 1991
Karasek, Hellmuth: Billy Wilder. Eine Nahaufnahme von Hellmuth Karasek, Hamburg 1992
Marsh, June: Chapeau! Audrey Hepburns Hüte, Zürich 2017
Morley, Sheridan: Audrey Hepburn. Die Biographie in Selbstzeugnissen, München 1994
Nadoolman Landis, Deborah (Hg.): Hollywood Costume, London 2012
Reichart, Manuela: Sie füllt die Luft mit Lächeln, in: Sannwald, Daniela und Tim Lindemann: Leinwandgöttinnen, Berlin 2015, S. 33–39
Riding, Alan: 25 Years Later, Honor for Audrey Hepburn, in: The New York Times, 22. April 1991
Rogers, Henry C.: Walking the Tightrope. The Private Confessions of a Public Relations Man, New York 1980 (zit. nach Spoto)
Spoto, Donald: Audrey Hepburn. Ein Leben, Frankfurt 2010
Turin, Luca und Tania Sachez: Perfumes. The Guide, New York 2008
Vaill, Amanda: Somewhere. The Life of Jerome Robbins, New York 2006
Wydra, Thilo: Audrey Hepburns Eheszenen. Lieber den Hund küssen als den Prinzen, in: Frankfurter Allgemeine Zeitung, 30. Juni 2013
Webseite: http://rareaudreyhepburn.com/

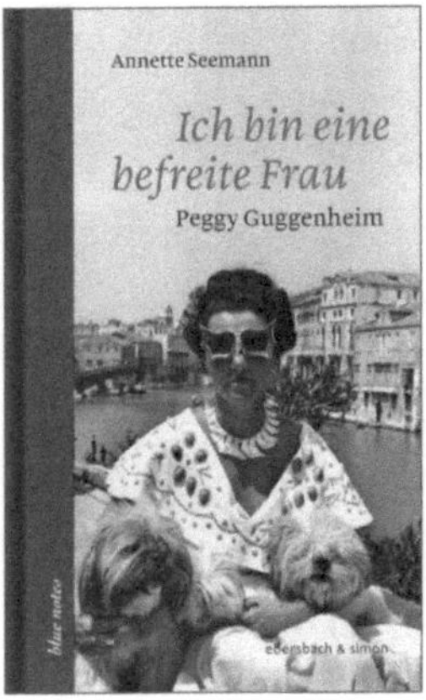

Annette Seemann
Ich bin eine befreite Frau
Peggy Gugenheim

blue notes 74, 144 Seiten
Abb., Halbleinen
Fadenheftung
ISBN 978-3-86915-159-5

Annette Seemann beleuchtet den unkonventionellen Lebensweg der Peggy Guggenheim, ihren Aufstieg zur Mäzenin, Kunstikone und bedeutendsten Galeristin des 20. Jahrhunderts. Ein außergewöhnliches, eigenwilliges Frauenleben, geprägt von Schicksalsschlägen, turbulenten Ehen, leidenschaftlichen Affären und Beziehungen zu einigen der größten Künstler der Zeit, wie Samuel Beckett, Max Ernst und Jackson Pollock.

»Kenntnisreich und sensibel zeichnet Annette Seemann dieses Leben romanhaft nach.« *aviva-berlin.de*

– www.ebersbach-simon.de –

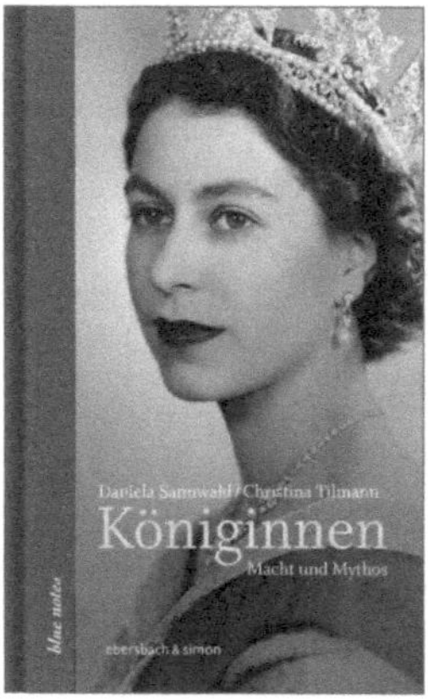

Daniela Sannwald/
Christina Tilmann

Königinnen
Macht und Mythos

blue notes 77, 144 Seiten
Abb., Halbleinen
Fadenheftung
ISBN 978-3-86915-142-7

Daniela Sannwald und Christina Tilmann haben sich auf die Spurensuche legendärer Königinnen gemacht, im Spannungsfeld zwischen Macht, Mythos und Medien, und berühmte Darstellungen der Royals in Film und Kunst untersucht: Dabei werden Schneeköniginnen, It-Girls und Jahrhundertfrauen vorgestellt, darunter Elizabeth I., Maria Stuart, Katharina die Große, Marie Antoinette, Luise von Preußen, Sissi und Elizabeth II.

»Es hat alles mit Training zu tun: Du kannst eine Menge schaffen, wenn du richtig darauf vorbereitet bist.«

Elizabeth II.

– www.ebersbach-simon.de –

Ich danke Hartmut Winkler fürs erste Lesen und Gerhard Midding für Paris-Literatur.

Daniela Sannwald

1. Auflage 2019

Umschlaggestaltung: Lisa Neuhalfen, moretypes, Berlin
Cover: © picture alliance/PictureLux
Satz: Birgit Cirksena · Satzfein, Berlin
Druck und Bindung: GGP Media GmbH, Pößneck
Printed in Germany
ISBN 978-3-86915-176-2

www.ebersbach-simon.de

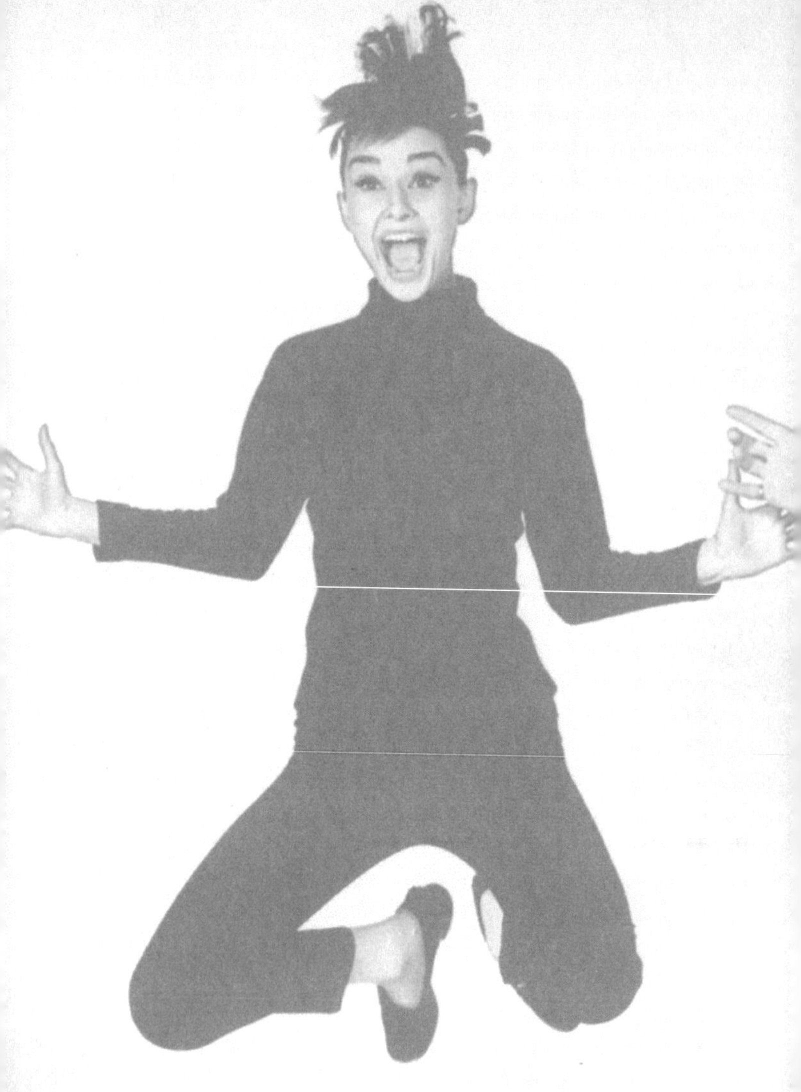